1%の革命

AIエンジニア・SF作家
安野貴博
TAKAHIRO ANNO

ビジネス・暮らし・民主主義をアップデートする未来戦略

THE 1%
REVOLUTION
UPDATING BUSINESS, LIVELIHOODS, AND DEMOCRACY

文藝春秋

はじめに

有権者1％の支持から、未来の大変化へ

２０２４年６月。

私・安野貴博は、一般的には完全に無名の状態で、東京都知事選に出馬表明を行いました。万全の準備で臨んだとは言い難く、本格的に準備を始めたときには、７月７日の投開票日まですでに１カ月を切っていました。

選挙活動の初日、渋谷駅前で行った街頭演説のことは忘れられません。人生初の街頭演説に集まってくれたのは10名程度で、そのうち６名は知人。選挙カーの上に立つと、街を歩く人たちからなんだか冷たい視線を向けられているように感じたものです。前座をつとめてくれた妻はなぜか演説が異様に上手く、すぐ後に演説をしなければいけない緊張で胃が痛くなったことを覚えています。

しかし、日が経つにつれて、選挙カーからの景色はどんどん変わっていきました。立ち止まる方の数は増え、次第に声援も大きくなり、マニフェストや応援動画がバズり、ソーシャルメディアでトレンド入りしました。選挙活動最終日には、都内１万４０００カ所す

べての掲示板に私のポスターが貼られ、有楽町駅前での「マイク納め」には、駅前広場に見渡す限りの支援者の方々が集まってくださったのです。

そうして迎えた開票日、私に投じられた票数は15万4638。得票数第5位で、**東京都の有権者1135万人のうち、約1%の人たちから支持をいただける**結果となりました。

この「15万票」という数値にはさまざまな解釈があり得ます。

「小池百合子氏は300万票取っている。当落には絡んでいないので論じる意味はない」という声もありました。確かに泡沫候補だと言われたら否定はできません。しかし、まったくの無名でテレビに一秒も取り上げられなかった私に、ここまでの票が投じられたことには重要な意味があるのではないかと考えています。

記録を遡ると、過去22回の都知事選史上、一切の政治的・宗教的支持基盤も議員経験もない候補者が13万票以上取れたことも、30代の候補者が9万票以上獲得したこともありません。「15万票」は普通の選挙活動ではまず達成し得ない、歴史的な結果だったといえます。

実際私の得票数はある種のサプライズだったようで、選挙後に一気にメディア露出が増えました。「もっと早く知っていれば投票したのに」「このビジョンを一候補者のマニフェストで終わらせてはいけない」という声を多くいただきました。
なぜ無名のエンジニアが、短期間でこれほどの支援の声を集めることができたのか？　ゼロからのスタートの私を支えてくれたボランティアの方々は、私にどんな夢を託してくださったのか？

私はこれまでにＡＩエンジニア、起業家、ＳＦ作家という3つの職業を経験してきました。東京大学工学部で人工知能研究の第一人者・松尾豊先生の研究室を卒業した後、ＡＩ領域のスタートアップを2社創業し、またＳＦ作品を書き続けてきました。一見、ばらばらなことをしてきたように見えるかもしれませんが、一貫して「テクノロジーを通じて未来を描いて」きました。

そんなビジネス、エンジニアリング、クリエイティブの領域を越境しながら得た知見を元に、都知事選では**「テクノロジーで誰も取り残さない東京をつくる」**というビジョンを掲げたのです。

私たちの社会は今、テクノロジーの進化によって、世界が大きく変わろうとする歴史的な岐路に立たされています。ＡＩをはじめとする革新的な技術の数々は、仕事の仕組みに影響を与え、産業構造を変化させ、今や人間を超える知性すら生み出しつつあります。

テクノロジーの加速度的発展は、私たちの社会にプラスにもマイナスにも働くでしょう。既存の雇用を破壊し、監視が強化され、分断がより強まる可能性もあれば、一方で、誰もが「自分らしい生き方」をできる民主主義の新しい形をもたらすこともできます。

そんな大きな選択を迫られている今、テクノロジーの力を通じて、ビジネス、暮らし、民主主義をどのようにアップデートできるのか？ 希望ある未来への道筋を示した具体的な戦略をいち早くご支持いただいた方が、全都民の１％もいたのです。


本書のタイトル『１％の革命』（The 1% Revolution）には、「１％の新しいことにチャレンジする人々」が世界を変える、という私なりの改革への思いを込めています。歴史を振り返ってみても、最初の１％のイノベーティブなアイディアと行動が、その他99％の人々の暮らしや仕事に大変化をもたらしてきました。

ここで、社会運動に明るい方は、２０１１年にニューヨークから始まった「ウォール街を占拠せよ」（Occupy Wall Street）運動における合言葉“We are the 99%”を想起する方もおられるかもしれません。富を独占する１％の富裕層に対して、99％の民衆が格差是正を求めたこのムーブメントは、世界的に大きなインパクトを与えました。

私が掲げる「１％」とは、富めるアッパー層の人々を指すわけではありません。むしろ、

ボトムアップの発想や創造性のなかから生まれてくる、少数派による未来への挑戦を意味しています。これは、デジタル民主主義による「新しい意思決定」の形をも内包した、1%が牽引する99%のための革命なのです。

もう一つの含意として、**1%の小さな技術的革新をテコに、大きな変化をつくり出すというテクニカルな思想**も込めています。エンジニアの世界では、システムのある一点を改善することで全体のパフォーマンスを何十倍にも飛躍させることが可能ですが、経済・教育などの各分野においても同様のアプローチは有効だと考えます。

強調したいのは、私がマニフェストで訴えた政策は、既存の予算配分を大きく変えずとも実現可能だということ。我々が行った試算では、各施策に要する費用は、現行の東京都の予算約8・5兆円の1%未満、500億円程度です。これは、近年の税収の自然増のなかで十分にまかなえる範囲で、都民に新たな負担が生じることはありません。

さらに、詳しくは後述しますが、これらの政策の影響は東京都の一部に留まるものではありません。東京で確立したソフトウエアやモデルは日本全国の自治体に応用できるものです。

そう、テクノロジーを効果的に活用していけば、**わずか1%未満のリソース配分の変化でも、大きな波及効果をもたらす**ことができるのです。

本書では、選挙戦で訴えたマニフェストをベースに、東京から日本をリブートするための戦略を展開したいと思います。以下、7つの章で構成されています。

第1章では、東京という巨大システムをどうやったら効率的にアップデートできるのか、日本を再起動するにはどうすればよいのか。自己紹介もかねてグランドデザインを提示します。

第2章では現役世代にとって切実な経済・ビジネスの活性化策を、第3章では未来世代に向けた子育て・教育環境を、第4章では主に先輩世代を意識したこれからの医療・防災モデルを具体的なプランとともに扱います。

第5章では、各領域にまたがって実装の要となる行政運営の改革について、第6章では、すべての戦略の根底にある「多元的な社会」を目指すデジタル民主主義の思想と挑戦について展開します。終章では極私的な思いを込めて、「1%の革命で未来をつくる」ビジョンをお伝えしたいと思います。

本書では各分野における最新の課題を提示するだけでなく、これからのビジネスに必要な刺激的なヒントになればと期待しています。これらの戦略は絵に描いた「理想」ではなく、**民意とテクノロジーの力でリアルに実装可能**なもう一つの世界線です。

なお、各分野の具体的な戦略は、ともに選挙戦を戦った「チーム安野」のメンバーたち、インタビュー調査に協力してくれた行政関係者、元官僚、医師、エンジニア、保育士、介護士、教員など100名以上のプロフェッショナル、そしてネットを通じてさまざまな声をあげてくださった方々の叡智の結集です。たくさんの方の声を受け、選挙期間中もアップデートし続けた内容ですが、その理念と文責はすべて私にあることも明記しておきたいと思います。

それでは、私の考えるとっておきの未来のつくり方、「1%の革命」についてお伝えしていきましょう。

1％の革命　目次

第2章 令和の"ジン"所得倍増計画

第3章　世界一の子育て・教育環境を

第4章　安心を実感できる医療・防災モデル

第5章 行政を〈見える化〉し、利便性を高める

第6章　デジタル民主主義で社会をアップデートする

1%の革命

ビジネス・暮らし・民主主義を
アップデートする未来戦略

第1章

東京から日本をリブートする

Talking about Our 1% Revolution

未来を語ることは面白い

私は「わくわくする未来を語ること」が好きです。

これまでＡＩエンジニアとしては、「これが実現できたら面白い」という思いを起点に、さまざまなソフトウエアを開発してきました。

スタートアップの創業者・経営者として、「こうすれば、業界をガラリと変えられるはず」と、新しい事業を生み出してきました。

ＳＦ作家として、「こんな未来が起こり得るかも」と想像力を働かせながら物語を書いています。

３つの領域で、出力するフォーマットの違いはあれど、「未来を語る」ことを一貫して続けてきました。私にとって、**「わくわくするような未来像を考え、人とシェアする」ことはエキサイティングな体験**であり続けてきたのです。

そんな私の未来志向の原点には、アニメ『ドラえもん』の影響が色濃くあるように思います。22世紀から来たロボットが未来の秘密道具で困りごとを解決する、まさに「こんなことといいな、できたらいいな」の世界。テレビを見ながら未来が秘める可能性にワクワクしていた子どもは、きっと私だけではないでしょう。

面白いのが、ドラえもんの道具に救われつつ、ときに本来の目的とは違う形で〝ずるく〟使って失敗するのび太の存在。**のび太は新しいテクノロジーと出会ったときの（弱くて欲望に忠実な！）人間社会の反応を象徴**しているようでもあります。

実は、SF的な想像力の使い方と、ソフトウェアをつくる思考、さらにいえばスタートアップを起業する思考には通底するものがあります。**「今ある現実の延長線上に起こり得る未来を思い描く」ことを起点に、「そこでどのような課題が生じ、それに対して人類はどう立ち向かうのか」をイメージする**のです。

私にとって、今の日本の政治をめぐる言説は物足りなく感じます。あまりにも悲観的なムードに覆われているのではないか、と。

例えば2024年の衆院選では、〝裏金〟問題にスポットが当たりました。「政治とカネ」をめぐる不正の是正は非常に重要です。ただ、本来司法がまともに機能していれば政治の場で争点にする必要すらなかった問題で、いわば「マイナスをゼロに近づける」ような話にも思えます。増大する社会保障関係費と税の問題についてもワンショットの短期的な話ばかりで、根本的な構造変化を長期でどのように成し遂げるのか、といった話はなかなか見かけません。
もちろん直視しなければならない現実や検討すべき課題は山積していますが、**政治や社会問題を語る場において、わくわくするような未来についての議論がほとんど行われてこなかった**ことに、私は危機感をもっています。

誤解を恐れずにいえば、これからの私たちの政治の場には、〝新しい語られ方〟が必要なときが来ているのではないでしょうか。

魅惑的な未来のストーリーには、多くの人の想いを乗せられます。とくにそれはビジネスの場において顕著で、なにか新しい製品やサービスを開発するにあたっては、他者をトキめかせる語りがあってこそ協力者が集い、積極的な投資とユーザーからの広い支持を得られます。

およそどんな分野で何をやるにせよ、社会のなかで人々の共感を呼ぶ有益なものをつくり出したかったら、「魅力的なビジョンとストーリー」が必要です。このシンプルな原則が、政治の場で忘れられているのではないでしょうか。政治が失望され、忌避されるなかでは、よりよい未来をつくる議論などできないし、結果に人々が納得することもない。そんな「そもそも」を確認し、改善することで、あるべき政治の姿を取り戻したいと思うのです。

政局ではなく政策を、批判ではなく具体的なアイディアを、密室政治ではなく透明性の高い議論をというのが私の基本的なスタンスです。だから本書もまた――この種のテーマはまず現状の「問題点」や「危機」を列挙するのが常ですが――私はあえて個人史に根ざした思いからお伝えしていきたいと思います。

都知事選前夜の決断

先の東京都知事選に私が出馬したのは、いわばシステムに対するアップデート本能からでした。

もともと、**政治の世界はテクノロジーを活用することでもっと改善できるのではないか**、というテーマは学生時代から温めていたものです。東大の松尾豊研究室にいたころには、国会の議事録データを自然言語処理で解析し、各議員の発言内容をわかりすく可視化する試みを行いました。外部からは見えづらい議員の活動内容の実態や政治的スタンスを知ることができるのは、有権者にとって有益なのではないかと考えたからです。

24歳で結婚してからは、妻の（黒岩）里奈との間で、よく社会問題について意見を交わしてきました。小説の編集者である彼女は、選挙期間中の応援演説動画がバズって以来、メディア出演する機会が増えたので、ご存知の方もいらっしゃるかもしれません。

2024年4月、衆院補選（東京15区）における選挙運動妨害事件のニュースを見た妻が、「これじゃ、ますます若い人たちが政治から離れていっちゃうよね」と嘆いていました。そのとき私は「若い人の投票率が上がらないのも納得できる」という話をしました。

シルバーデモクラシーの問題――30代以下が全員投票に行っても、高齢者が今の投票率を維持する限りは、絶対に多数派にはなれないわけです。同じような諦念は、「マイノリティ」（少数派）とされる方は覚えざるを得ないものではないでしょうか。このような現実のなかで本当に必要なのは、**「選挙で多数票を取れなくても、若者や少数派の意見も反映できる民主主義の仕組み」**なのではないか、とずっと考えていました。

さまざまなテクノロジーが発展する不確実性の高い時代において、本当は国家のあり方も早急にアップデートする必要があるのに、なぜ必要な意思決定がまるでできないのだろう？　アテンション・エコノミーのなかでわかりやすい言説が求められ、極論を掲げる政治家がもてはやされる社会って何なのだろう？

現行の政治システムが制度疲労をおこし、わくわくする語りが失われていることへの閉塞感をずっと感じていたのだと思います。

ある日の散歩中、「選挙期間をもっと有権者との双方向のコミュニケーションの場にできたら面白いよね」というアイディアを里奈に話していたら、**「じゃあ、貴博が出馬して変えればいいんじゃない？」**とふと言われました。一度は冗談として聞き流したのですが、徐々に、生まれ育った東京という街は可能性に満ち溢れていること、自分がリーダーシップをとったら進められそうなポジティブな変化などが、頭の中を満たしていきました。思わぬひと言に背中を押された私は、すぐに300万円の供託金を振り込み、都知事選への出馬を決めていました。

無論、スピーディーな決断の裏に、不安がなかったわけではありません。妻は賛同してくれたものの、周囲からどう受け止められるのかは心配でしたし、選挙に出ることによって社会的に失うものがある可能性についても考えました。

でも、前者についてはまったくの杞憂でした。私の計画を話した友人たちは、「なるほど！　じゃあ、どうやって戦う？」と好意的な反応を示し、その後「チーム安野」として選挙戦をともに戦ってくれました。

どうやら友人たちにとって、私の出馬はそこまで意外なことでもなかったようです。これまでも友人に声をかけてスタートアップを立ち上げたり、ロボットのPepperが演じる漫才でM-1グランプリに出場したりといった過去がありました。それを知る友人たちは、安野がやるというなら面白そうだな、と思ってくれたようです。

後者の懸念に関しては、現職の都議会議員や、過去に都知事選に出馬した経験のある方に会って話を聞いてみることにしました。どうやら真っ当な活動をしている限りにおいては、特段恐ろしいことに巻き込まれる可能性は低そうです。

異なる3つの領域でそれなりに結果を残してきた人生経験的にも、生成ＡＩが劇的に進化しつつあるテクノロジー環境的にも、世の中の政治状況的にも、機は熟したと思いました。

きっかけは妻のひと言だったわけですが、少なからぬ影響が家族には及ぶのに、妻はなぜ「あなたが出て変えればいい」と言ってくれたのか?

他愛もない個人的な話なのですが、その昔、私が里奈にプロポーズしたときに、パワーポイントを使ってビジネスプランさながらのプレゼンテーションを用意したのです。そのさい、「人間の世界観のモデルは3つある。変わらない人、リニア(直線的)に変化していく人、指数関数的に変化をしていく人。僕は技術者である以上、加速度的に変化し続ける世界を見たい。君はどの世界モデルが好き?」という話をして思いを伝えました。

そのとき「指数関数的な変化のほうが面白い」と言ってくれた妻だったからこそ、後押しのひと言が出てきたのだと思います。

こうして私は、6月6日、都庁にて記者会見を開き、都知事選への出馬を正式に表明することとなったのです。

多様性のある都市空間

冒頭で触れたように、「テクノロジーで誰も取り残さない東京へ」というのが都知事選で私が打ち出したビジョンです。AIをはじめ革新的なテクノロジーが世界を大きく変えようとしている今、先進技術を社会のなかでどう使うかを政治の争点にすべきだと考えました。

なぜそれを国政でもなく、他の地方自治体でもなく、都知事選という場で訴えたのか。それは、議員よりも権限の強い首長であることが改革にあたって必要だと考えたからです。そして、財政的に余裕があってテクノロジーと親和性のある東京こそが、新しい挑戦をするのに最適な場所だと確信していました。

今の日本には難度の高い問題が山積していますが、**ソリューションとしての「東京モデル」を示す**ことに成功すれば、地方における諸問題の解決に大きく寄与します。なかでも課題解決に直結するようなデジタルツールやソフトウェアは、コピーにお金がかかりません。東京都で作ったものをオープンな〈デジタル公共財〉とすることで、他の自治体や、民間企業、ＮＰＯでも応用でき、文字通り東京から日本全体をリブートしていくような大きな波及効果が望めます。

東京こそが、起点となる最初の１％のイノベーションを生み、それをブーストしていくうえで大きな強みをもつ都市だという確信が私のなかにありました。

では、東京のもつ大きな強みとは一体なんなのでしょうか？

ここでまず、私たちがもつ東京という都市のイメージを確認していきましょう。

世界有数の金融センターとしてのメガシティ、政治・経済の中心地としての高層ビル街、先端テクノロジーの開発・研究機関の集積地、電脳都市アキバとアニメカルチャー、国際貿易ハブとしての水の都、世界で最も時間に正確な交通網、あるいは『三丁目の夕日』的な下町のぬくもり……。

そんな**多面的な〝顔〟をもつ**東京という街が、私は大好きです。

私自身は東京で生まれ、親の仕事の都合で都内や近県、大阪と何度か転居をしましたが、最も長く住んだのが文京区根津の下町でした。谷中の商店街で友達とコロッケを食べながらブラブラした日々や、上野の美術館や神田神保町の本屋を巡った思い出、秋葉原の裏路地でPCのパーツを探していた時間は、いわば人生の原風景です。

そんな東京という都市空間の多様性は、武蔵野台地の突端で自然に恵まれた関東平野という地理的な条件と切っても切り離せないでしょう。18世紀に江戸城を中心に、武家地、寺社地、町人地が配置され、その外側に農村地帯が広がっていた東京は、近代化の過程でそれぞれの地域の特性を残しつつ、ダイナミックに発展を遂げてきました。

その都市開発はトップダウンで整然と行われてきたというよりは、その時々のニーズに合わせてボトムアップで利便性を高めてきた側面が強く、よい意味で〝計画性のなさ〟が街の多様性をはぐくんできたと思います。

テクノロジーと親和性の高い東京

先述の通り、東京は都市としての大きなポテンシャルを秘めていると私は確信しています。その証左として、統計データや調査機関による評価から、世界における東京の位置づけを客観的に見てみましょう。

米コンサルティング大手のA・T・カーニーが世界156都市を「ビジネス活動」「人的資源」「情報流通」「文化的経験」「政治的関与」の5つの観点から評価した「グローバ

ル都市指標」というランキングがあります（図1参照）。その調査では、東京は2023年には9年連続で4位にランクインしている。項目別に見ると**「ビジネス活動」は2位**、「人的資源」と「文化的経験」は4位、「政治的関与」は7位、「情報流通」は14位となっています。

「人的資源」については、豊かな人口が高評価の一因だと推察されます。東京都だけでも約1400万人、周辺県（神奈川・埼玉・千葉）を含めたグレーター東京圏としては3700万人ほどに達し、インドネシアのジャカルタ首都圏（約3000万人）やインドのニューデリー都市圏（約2500万人）と肩を並べています。

「文化的体験」でいえば、歌舞伎や能をはじめとする伝統芸能から、音楽、アート、アニメやマンガやゲームなどの最新のエンタメまで、**独自の多彩なコンテンツを有するソフトパワー**に大きな強みがあります。

例えば音楽市場はストリーミングサービスの牽引により成長著しい分野ですが、日本はその市場規模においてアメリカに次ぐ世界第2位です。また日本のマンガ・アニメはそのオリジナリティと表現技術の高さで世界にインパクトを与えつづけているのは皆さんご存じの通りで、今や全世界で3・7兆円の市場規模にまで成長しています（一般社団法人MANGA総合研究所）。

図1　グローバル都市指標ランキング

2023 rank	City
1	ニューヨーク
2	ロンドン
3	パリ
4	東京
5	北京
6	ブリュッセル
7	シンガポール
8	ロサンゼルス
9	メルボルン
10	香港

〈東京の評価の詳細〉

評価項目	東京の順位
ビジネス活動	2 →
人的資源	4 →
文化的経験	4 ↑
政治的関与	7 ↑
情報流通	14 ↓

出典：A.T. カーニー「2023 Global Cities Report」

ビジネス都市として見たときに、日本の治安の良さや医療制度の充実、広域に張り巡らされた正確な交通網、市民のマナーの良さ、安くて美味しい食文化が大きなアドバンテージとなることは言うまでもありません。

私は22歳のときにサンフランシスコで、32歳のときにロンドンで、それぞれ1年ほどの海外生活を経験しています。

サンフランシスコに住んだきっかけは、大学生のときに「エンジニアとして一度はシリコンバレーを見ておきたい」と、現地のデザインファームでインターンを始めたことでした。当時のサンフランシスコは治安も物価も悪化しており、日本とは比べようもない深刻な格差の実態を街で目の当たりにしました。

ロンドンでロイヤル・カレッジ・オブ・アートという美大に通っていたときは、日本の医療サービスの質の高さを強く実感したものです。高熱でも家でハーブティーを飲んで寝るしかない生活を送りながら、日本のように速やかに病院で診てもらえることがいかに日々の生活に安心感をもたらすのか、改めて実感しました。

海外の各都市と比較して東京がもつ優位性はいくつもありますが、日本の大手企業の多くが東京に本社を構えていることも強みです。家電製品やパソコン、重工業、自動車、インフラ、ゲームなど、技術立国の立役者ともいえる企業群が集結しています。

高速鉄道の先駆けである新幹線をつくったのも、マイクロプロセッサ（CPU）の概念を生み出したのも、世界初のノートパソコンやCDプレーヤー、リチウムイオン電池を発明したのも日本です。製造業に一時期ほどの勢いがないとはいえ、ここまで優れた技術系企業の数が多いのは、**日本で働く人々が進取の精神をもち、テクノロジーに親和的な感情をもってきた**ことと密接に関係しているでしょう。

例えばAIに対するイメージ一つとっても、日本とアメリカで大きく異なります。アメリカでは世論調査で61％の人が「AIは人類の将来を脅かすもの」（Reuters、Ipsos共同調査）と答えています。一方、**日本では79・3％の人がAIを「暮らしを豊かにするもの」と肯定的に捉えています**（消費者庁調査）。

この違いの背景にはSF文化の影響があるのではないかと思います。AIと聞けばアメリカでは『ターミネーター』を思い浮かべる一方で、日本人は『ドラえもん』や『鉄腕アトム』のような作品を思い浮かべる傾向があるのではないでしょうか。

日本ではAIやサイボーグを不気味なものとして忌避するのではなく、人間を助ける心強い味方として受け入れる感覚があります。日本人にとってテクノロジーとは、**みんなを助けてくれる〝10万馬力の仲間〟**なのです。

多くの日本企業が、少子高齢化に伴う深刻な生産年齢人口の減少を前にテクノロジーによる課題解決を望んでいるのは、こうした文化的素地もあるのでしょう。新しいテクノロジーを歓迎するスタンスは、日本がイノベーションを起こしていくうえで今後大きくプラスにはたらくと私は見ています。

将来性の評価は25位

東京には数多くの魅力がある一方で、「将来性」に対する海外からの評価は決して高くはありません。A・T・カーニーは、都市の将来的な有望性について評価した「グローバル都市展望」ランキングも発表していますが、２０２１年から２０２３年の２年間で、東京の評価は7位から23位に急落しています（図2参照）。

これは**イノベーションへの期待度が低い**ことが評価を下げた大きな要因の一つとされています。近年、ＡＩ、ブロックチェーン、メタバース、ＸＲ（現実世界と仮想世界を融合する技術）、量子コンピューティング、ロボティクス、人工生命、核融合、再生医療など先端テクノロジーによる地殻変動が起きているにもかかわらず、東京からはそのようなイノベーションが起こせないのではないか、と厳しい目が注がれています。

図3の調査レポート（「Global Startup Ecosystem Index Report 2024」）でも、各国のスタートアップ・エコシステムを示す国別ランキングで日本は21位にとどまります。近年シンガポールやバンガロール、ニューデリー、上海、深圳などアジアの各都市のランキングが軒並み上がる中、東京だけが横ばいのままなのです。

政府としても各種推進策を打ち出し、それなりの予算をつけているのに、なぜ東京ではイノベーションが生まれにくいのでしょうか？

それは**東京がグローバルなビジネスネットワークに十分に接続できていない**ことがボトルネックになっていると私は分析しています。具体的には、グローバルな人材ネットワーク、資本流入のネットワーク、ビジネス取引のネットワークにうまく接続できるかどうかがイノベーションの成否を左右します。

図2　グローバル都市展望ランキング

2023 rank	City
1	サンフランシスコ
2	コペンハーゲン
3	ロンドン
4	ルクセンブルク
5	パリ
6	ダブリン
7	ヘルシンキ
8	ストックホルム
9	ミュンヘン
10	シンガポール

東京の将来性評価（GCO）順位推移

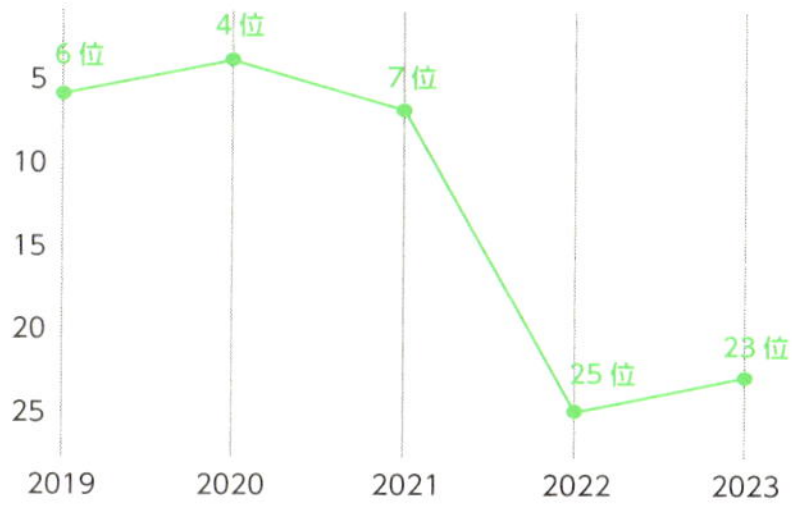

出典：A.T. カーニー「2023 Global Cities Report」

図3　世界の国別エコシステムランキング

順位	国・地域名	2023年版からの順位変動	トータルスコア
1	アメリカ	–	215.001
2	イギリス	–	55.995
3	イスラエル	–	51.557
4	カナダ	–	38.254
5	シンガポール	1	37.736
6	スウェーデン	△1	27.024
7	ドイツ	–	25.830
8	フランス	–	24.894
9	オランダ	1	24.462
10	スイス	1	24.081
11	オーストラリア	△2	23.115
12	エストニア	2	22.924
13	中国	△1	18.463
14	フィンランド	△1	18.147
15	スペイン	–	17.865
16	リトアニア	1	16.302
17	アイルランド	△1	15.888
18	デンマーク	1	15.823
19	インド	2	13.529
20	韓国	–	13.410
21	日本	△3	13.312

（注）上位20カ国と日本を掲載

出典：StartupBlink「Global Startup Ecosystem Index Report 2024」

国際的ネットワークへの接続が脆弱だと、グローバルな高度人材の流入が乏しく、海外資本の大きな投資を呼び込めず、国外の大きな市場にもなかなか食い込めず、結果としてイノベーティブな好循環が生まれにくいのです。このハードルを乗り越えることが、東京のアップデートを考える上で極めて重要なポイントとなります。

２０２４年に経済業産省は「この状態が今後も続くと、２０４０年ごろには新興国に追いつかれる」という見解を発表しました。「失われた30年」どころの話ではありません。東京からイノベーションを起こさなくては、日本経済の再興は望むべくもないでしょう。

東京イノベーション5つの柱

そんな課題感を踏まえつつ、私たちのチームは**「都政で実現できる」「優先順位の高い課題から最短でKPI（重要業績評価指標）が達成できる」「（単年度予算ではなく）4年間のスパンで取り組める」**戦略を考えました。

国にしか権限がなく、都知事の決定や都の行政では動かせない問題をマニフェストに盛り込んでも、実現性がありません。予算的な根拠の乏しいものをうたっても絵空事になってしまいます。なるべく4年で、目に見える結果が出る道筋を示すことをミッションにしました。

「テクノロジーで誰も取り残さない東京へ」――**人と人とが互いに尊重しあい、誰もが自分らしく生きやすい社会をつくりたい**というビジョンを具現化するために、各世代の優先的課題にフォーカスし、かつ行政・政治システムの改革をセットにしたのが、「東京イノベーション」5つの柱です。

- **【現役世代】新産業で所得倍増**
- **【未来世代】世界一の子育て・教育環境**
- **【先輩世代】とことん安心の医療・防災**
- **【行政運営】行政をもっと簡単、透明に**
- **【民主主義】高速な民意反映**

詳しくは各章で論じますが、概略にざっと触れておきましょう。

・新産業で所得倍増

現役世代が希望をもって暮らせる社会、子どもを産みたいと思える社会にするには、可処分所得が増えることが非常に重要です。

増大する社会保障費や老朽化する社会的インフラの維持・改修など、再配分に回す原資をつくるためにも、経済成長は必要不可欠です。生産なくして分配は成立しません。

とくに、日本経済を支える屋台骨である東京の経済成長がなされなければ、国家の成長すら停滞してしまいます。

しかし東京にとって、経済成長の手段は限られています。

経済学の世界では、経済成長を牽引するものは、

1．人口増加
2．天然資源の活用
3．テクノロジーの活用

だといわれています。1と2は残念ながら日本では望むことはできません。2050年に日本の人口の約4割は高齢者となります。EUやアメリカで行われているように、労働力不足を移民で大規模に補うのも、社会的な軋轢《あつれき》が大きく非現実的です。石油や天然ガスなどの資源も国内には存在せず、エネルギー自給率は約13・3％（2021年度）と先進

諸国の中でもかなり低い水準に留まっています。

すると残された道として、私たちはテクノロジーを活用するしかありません。

また、世界の時価総額ランキングを見ても、上位はＧＡＦＡＭ（Google, Apple, Facebook, Amazon, Microsoft）やNVIDIAのようなテクノロジー企業が占めています。ビジネスの大きな潮流でいえば、製造業の成長は頭打ちとなり、テック企業が経済成長を世界的に牽引している構図です。

日本がこの先どれだけ豊かさを生むことができるのかは、私たちがテクノロジーをどれだけ活用できるのかにかかっているといっても過言ではないでしょう。具体的には、強い技術企業の育成・誘致、産業が集まるための特区づくり、世界中から優秀な技術者・研究者が住みたいと思う東京づくりが鍵になります。

・世界一の子育て・教育環境

東京の合計特殊出生率は年々下がる一方で、２０２３年にはついに1を下回り、０・99となりました。また、夫婦の「理想子ども数」（2・25人）と今の「完結出生児数」（１・９人）との間にはまだまだギャップがあります。「子どもを産む・育てる」ための不安や課題を解消する支援策、ならびに出産・子育てのインフラ整備、不妊治療の促進、経済支援で少子化対策のテコ入れプランを示します。

また、東京の教育においてはサービスの「量」よりも「質」が重要になってきています。そこで、いかにして子どもたちの体験を豊かにできるか、一人ひとりの個性に応じた多様な学びの場を提供できるか、具体的なアイディアを提示したいと思います。

大学教育に関しては、学術都市としてのポテンシャルを生かしきれていない現状を踏まえ、**東京をグローバルな知の還流拠点とする戦略**を提案します。これは国内での新産業育成とも深くかかわってくるものです。

・とことん安心の医療・防災

日本で医師が一番多いのは東京です。ゆえに、新しい医療のあり方を超高齢化社会が進む日本全体に向け示していく責務があります。

2050年には都民の3人に1人が高齢者になる状況を前に、逼迫する医療の現場の負担をテクノロジーの力で合理的に軽減し、あらゆる世代にとって安心して一生を過ごせる医療モデルを打ち出すことが喫緊の課題です。

認知症リスクに対応した高齢者が安心できる医療体制、共働き家庭がアクセスしやすい夜間・休日オンライン診療の充実、そして医療従事者の働き方改革の3つを優先課題として設定しています。

防災に関していうと、東京は人口の多いメガシティならではの災害リスクがあります。高齢者人口が約311万人、障害を抱えた方々が73万人、外国人人口も63万人いるなかで、いかに迅速かつきめ細やかな支援体制を整えるか。テクノロジーを活用した「事前の対策」「発災直後」「避難・復旧」の3段階の施策を示したいと思います。

・行政をもっと簡単、透明に

都の構造改革・DXへの取り組みは近年大きく進展しましたが、生活者の満足向上にはいまひとつつながっていません。便利さを実感できる行政サービスの提供として、「行かせない」「書かせない」「待たせない」「迷わせない」の4つにフォーカスし、「プッシュ型」で都民に必要な情報を提供し、ワンストップの行政サービスを行うプランを提示したいと思います。

行政運営上の課題としては、何よりも**「透明性」が重要**です。情報公開を住民とのコミュニケーションの前向きな手段として捉え直すことが、次項のデジタル民主主義を基礎づけるものとなります。徹底した情報公開を前提としつつ、各自治体が連携するシステムの整備、政策の質と実行力を担保する組織づくりをデジタルに精通したリーダーが行う、というのがこの分野の戦略です。

・高速な民意反映

最後に最も重要なのが、民主主義をテクノロジーによってアップデートする「デジタル民主主義」のビジョンです。テクノロジーを活用することで、民意を迅速に吸い上げ、**数の論理だけに依らない効果的な意思決定ができる仕組み**を確立できるのではないかと考えています。

私は現行の選挙という制度だけでは、民意を聞く**「広さ」「深さ」「早さ」のどれもが足りない**と考えています。少子高齢化社会で多数派の世代の意向が通りやすいなかで、若者の投票率は下がり、声を拾えない人たちがたくさんいます。投票で拾える声は決して「広く」ありません。

都知事選に出馬する前、何人かの政治家にインタビューをしたところ、口を揃えてみなが言っていたのは、「いったい有権者が何を託して自分に票を投じたのか、よくわからない」ということでした。現行の選挙だけでは、市民と「深い」情報のやりとりは実現できないのは明らかです。

「早さ」の問題でいうと、都知事選の頻度は4年に1度ですが、果たしてこれは適切なスパンなのでしょうか。百年前ならまだしも、変化する速度がどんどん高まっている現代において、このようなスピード感の選挙システムだけで十分に機能を果たせるとはとうてい思えません。

日本の民主主義の抱える問題は多いですが、まず**民意によって「実際に政治を変えられる」という手応えを得られる仕組みを実装し、幅広い世代の政治参画を促すことが最優先課題**だと私は考えています。

民意を反映できる経路（パス）が増え、政治に興味をもつ人が増えれば、より優れたアイディア、意思決定につながるからです。

都知事選の期間中にチーム安野が行った、AIを活用して都民の声を広く吸い上げ可視化する「ブロードリスニング」の試みは大きな反響を呼びました。都政においても意見表明のハードルを下げ、高速に民意を反映する仕組みは実現可能です。

今の私たちには、選挙が発明されたころにはなかった技術がたくさんあります。コンピューターも、インターネットも、スマートフォンも、AIも……こうしたテクノロジーを活かすことによって、**民主主義システムそのもののアップデート**に挑戦したいと考えています。

テクノロジーは人間の味方である

東京イノベーションの柱となる5つのグランドデザインをざっと示しましたが、本書の経済・教育政策の一部を切り取ると、エリート主義的と捉えられる向きもあるかもしれません。しかし、**構想のベースには、ボトムアップな意思決定プロセスとしてのデジタル民主主義があることを改めて強調しておきたい**と思います。

「私はこう暮らしたい」「こう働きたい」「こんなことを学びたい」という一人ひとりに宿る思いこそが「私たちの東京をこうしたい」という社会のエネルギーとなります。

〝テクノロジーを活用する〟と聞くと、「自分は取り残されてしまうのでは」と不安を覚える方もいるのは確かです。選挙戦を通して、そうした方々の声を聞く機会が幾度となくありました。

しかし実のところ、ChatGPTや翻訳AI、自動運転などの技術は、むしろ高齢者や、ハンディキャップがある方、それまでIT技術に疎《うと》かった人たちにこそ助けとなるものです。歴史的に見ても、**技術はハンディキャップのある人たちの力になってきました**。眼鏡は視力の悪い方を助け、車いすは足の不自由な方を助け、電卓を使えば計算が苦手な人でも仕事がしやすくなりました。スマホやネット環境は脳の外部記憶装置的な助けにもなってくれます。

テクノロジーが発達し適切に社会のなかで運用されることで、多くの人の選択肢が増え、暮らしは豊かになります。**テクノロジーは決して人間の敵ではな**いことを、私自身、ＡＩ研究と起業の経験を通して身をもって感じてきました。

ここでエンジニアとしての私の背景に少し触れておくと、ＡＩの面白さに目覚めたのは、東京大学工学部に在学中のことです。２００９年当時、安田講堂で行われたＷｅｂ学会で、ＡＩ研究の第一人者・松尾豊先生や、のちの「スマートニュース」の共同創業者・鈴木健氏、『動物化するポストモダン』を執筆した東浩紀氏などの有識者による、デジタル化に伴う社会システムの変化や民主主義への影響などについての議論を目の当たりにし、強い影響を受けました。

幼いころから機械に興味があった私は、小学3年生のときにＷｉｎｄｏｗｓＰＣに触れて以来、ＶＢＡ（Visual Basic for Applications）というプログラミング言語を用いてExcelでゲームを自作したり、プログラミングコンテストに出場したり、友人たちと共同で遊びのウェブサービスを開発したりしていました。機械にいかに知的なことをさせられるかに興味をもっていた私が、のちに松尾研に入るのは必然だったともいえます。

松尾研で自然言語処理を学んでいた大学時代には、先にも触れたように**国会の議事録データをスクレイピング（収集）し、データ解析を行うことで、各国会議員がどんな発言をしているのかを可視化する**ことに取り組みました。

国会議員の仕事は市民の目からは見えづらく、各議員による実績のアピールによって伝えられることが多いですが、実際のやりとりを一目瞭然に「見える化」することで、普段どのような領域で行動しているのか実態を把握することができます。それは選挙のときの重要な判断材料になり得ると思っていました。

そんな開発体験から、**適切に設計されたテクノロジーは民主主義の助けになる**、という手応えを得ました。


ＡＩを社会で活用することに大きな可能性を感じた私は、２０１６年に大学の後輩とともに、自然言語処理を活用したチャットボットをコールセンター向けに最適化したサービスを提供する「ＢＥＤＯＲＥ」社を起業しました。

現場にもよりますが、コールセンターにくる問い合わせの８割はパスワードを忘れたとか、手続きの仕方がわからない等の反復的な問い合わせです。当時のＡＩは今ほど賢い対応をすることはできませんでしたが、8割のパターン化された対応を担うこと、難しい質問を見分けて人間のオペレーターにつなぐことはできました。これだけでも、現場の負担は大きく軽減できました。

各社のニーズに応じてAIをトレーニングできるため、自社製品やサービスに関する応答も可能なこのサービスは、NTTドコモや三菱商事など大手企業に次々と採用され、AIチャットボット市場で国内シェア1位となるまでに成長しました（デロイト トーマツ ミック経済研究所「マーテック市場の現状と展望 2023年度版」）。

続いて2018年末には、AI技術をリーガルテック領域に展開するスタートアップ「MNTSQ《モンテスキュー》」を共同で設立。これまで弁護士が目視で行っていた契約書の確認作業を自動化するサービスを開発しました。

実は、契約書の文章は正確な日本語で、第一条、第二条……と論理的に構造化されているためAIの自然言語処理と相性がよく、時間単価の高い弁護士にとって、作業の効率化はビジネス的な価値も高いのです。とくに企業のM&Aに際して実施される法務デューデリジェンスの過程では、対象会社がさまざまな取引先と過去に取り交わしてきた契約書のすべてをチェックする必要があり、弁護士たちは文字通り山のような契約書と対峙していました。

同社のサービスではM&Aで障壁になりそうな条項を機械学習で検出することができます。契約書チェックの一部をAIが担うことで、弁護士はクライアントとの意思疎通や法廷での駆け引きなど、人間にしかできないことに注力できるわけです。大手弁護士事務所や大企業に高く評価され、こちらの経営も軌道に乗せることができました。

技術的環境の変化から岐路に立つ東京

このようにテクノロジーは活用の仕方ひとつで、現場の人間の大きな助けとなり、劇的な効率化や新しいバリューを生み出すことができます。それはビジネスシーンに限った話ではなく、暮らしのなかのさまざまな困りごとから民主主義のアップデートまで、幅広い領域での応用が見込めます。

私はテクノロジーを活用してこそ、日本の諸問題に活路を開けると思っています。

今や好むと好まざるとにかかわらず、**AIを中心とした技術革新の波は世界の産業構造やビジネス環境を激変させ、グローバルな競争ルールさえ大きく変えようとしています。**

ゴールドマン・サックスで2000年に600人いた人間のトレーダーがAIによるアルゴリズム取引に取って代わられ、2017年の時点でわずか2人にまで減ったのは有名な話です。トレーダーですらそうなのですから、単純なデータ入力、書類作業、データ分析などホワイトカラーのデスク業務の多くは今後ＡＩに取って代わられるでしょう。これから人間はどう働くのか、人間にしかできない価値をいかにつくり出すのか――今、私たちの社会は大きな岐路に立っています。

卓越したＡＩ翻訳やさまざまな作業の自動化、汎用人工知能（ＡＧＩ）の実現などを踏まえると、近い将来、次のようなことが起こることが予測できます。

・言語圏の違う人材・企業が、容易に互いの市場へ参入することが可能になる
・新興企業が短時間・少人数で新しいビジネスの形を創出する
・より不確実性が高まるなかで、より大きなリスクを伴う意思決定が求められる
・自社のビジネスデータをいかに保全し、ＡＩで活用するかが鍵となる

これらのグローバルな環境変化を前提として、東京の未来戦略を先んじて考えていく必要があるのです。

ＡＩの分野ではよく**「シンギュラリティ」**（Technological Singularity）――人工知能が「人間の知能を大幅に凌駕する」技術的な特異点について議論されています。ＡＩに密接にかかわってきたエンジニアの実感としては、人間以上の知的生産能力のあるＡＩができて、研究者１０００人分の仕事を瞬時に処理するような爆発的な生産性の向上は、十分にあり得る話だと思います。

囲碁など限定された条件下では、すでにそれが起きています。人間の棋譜を学習させなくても、天才碁アルゴリズム同士が戦いながら学習するだけで、人間よりもはるかに高いレベルまでわずか１日で到達します。人間の囲碁の３００年、４００年の歴史を超えて一瞬で神の一手を打てるようになることが、もう現実に起きています。

最新の知見では、２０２８年くらいまでにＡＧＩ（汎用人工知能）、ＡＳＩ（人工超知能）ができるともいわれています。これは今のＡＩが高校生だとすると、大学院生レベルにまでたどり着くという予想です。

ただし、今のＡＩの得手・不得手のかたちは、人間の知性とはかなり性質が異なっているのも確かです。ＡＩはある種の能力は人間よりも抜群に秀でていますが、逆に人間が簡単にできることがうまくできない領域もあります。「起点となる問いの設定」「複雑な感情への対応能力」「合理的でないけれど面白い発想」などは２０２４年現在のＡＩでは人間のレベルには達していないといえます。

ＡＩ技術を過大評価せず、過小評価もせず、リアルに捉えて積極活用すべきだと私は考

図4　ハイプ・サイクル

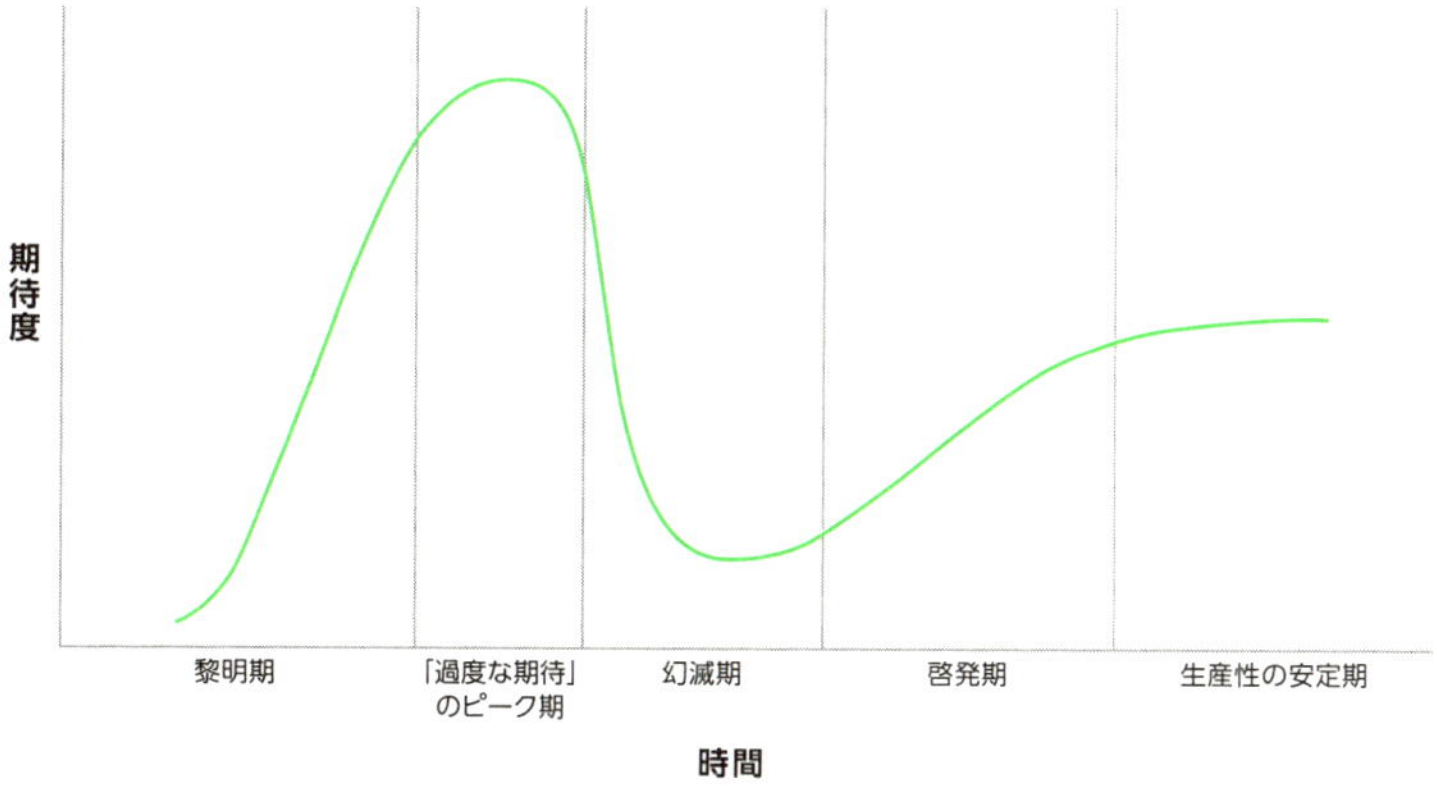

出典：Gartner

えています。

テクノロジーの世界には、図4の**「ハイプ・サイクル」**（hype cycle）という、特定の技術がいかに成熟し、採用され、社会に浸透していくかを示す概念図（アメリカの調査会社ガートナーが提唱）があります。

技術が出始めてから受容されるまでの時間軸と、その技術に対する期待の高さを考えたとき、おおむね同じような形を描きます。まずはハイプと呼ばれる過度な盛り上がりを経験し、いったん幻滅し急落したあと、実際の価値に即した期待に収斂するのです。

テクノロジーは社会のなかでこうした曲線を描きながら進化していきます。ＡＩがハイプの時期にはネガティブな部分に、幻滅されているときは有効に使える部分に目を向けるバランス感覚が大切なのです。

まず小さく始めよ

では、ＡＩをはじめとする先端テクノロジーの力で各分野をアップデートするには、どういうアプローチが効果的でしょうか。私の基本スタンスは、**「狭く・小さく・早く」始めるべき**だというものです。

文字通り、**全体のなかの１％の挑戦からスタート**するのです。

ソフトウェアを含む製品開発のアプローチの一つに「**ＭＶＰ**（Minimum Viable Product）」という考え方があります。「盛り込むべき機能を備えた最小限のプロダクトをまずつくれ」という意味合いです。最初はできるだけリソースの投入を抑えて実験的に製品化を試み、機能の検証や市場の反応などを参考にしながら改善を重ね、完成品へと近づけていく手法です。

これに近いアプローチとして、ソフトウェアの開発現場では**「サンドボックス」**という限定的な環境を設ける手法もしばしば用いられます。サンドボックスとは、日本語でいえば「砂場」のこと。仮にそこで問題が発生しても他のプログラムに影響を及ぼすことがなく、プロダクトの機能を自由にテストすることができます。限定された環境で機能の実証や課題解決をしたうえで、本番の環境にリリースするというプロセスを踏むわけです。

例えば、後述する行政における「特区」制度や、夜間・休日のオンライン診療を先行して実施するようなアプローチは、MVP的な発想であり、一種のサンドボックスです。一定の区域・期間が定められ、特別にビジネス上の規制が緩和・撤廃された特区で、新しい制度がトラブルなくワークするかをテストします。

いくら事前にシミュレーションしたところで、実際に導入してみなければわからないことも多くあります。**「狭く・小さく・早く」始める方針を採ることで、導入前の投入リソースを抑えられるとともに、迅速に現実的な問題点をあぶり出し、改善していく**ことができます。

実験と検証、改善と再検証のサイクルをスピーディーに回し続けられる都市のほうが、「やるか・やらないか」の二択を前に躊躇している都市よりも効率的にアップデートされていくことは明らかでしょう。高速に改善を重ねて小さなモデルを成功させてから、大規模な実施へと踏み切るのです。

小規模なチャレンジを繰り返す政策実行の手法には、別のメリットもあります。

機械学習と確率論において重要な考え方に、**エクスプロレーション（Exploration／探索）とエクスプロイテーション（Exploitation／活用）**というものがあります。これはいわゆる**「多腕バンディット問題」**（multi-armed bandit problem）で、スロットマシンをたとえに複数の選択肢から最も高い報酬を得るために、どういう選択をすべきかについて確率論的に考えるアプローチです。

例えば、報酬の出力の違う3つのスロットがあった場合、それぞれの確率分布がすでにわかっていれば、期待値が最大のスロットマシンを選び続けることが最適な選択となります。これが「活用」です。

しかし確率分布がわからなければ、各マシンを順番に試していくのが合理的で、こちらは「探索」です。マシンが数個しかないのであればすべて試せますが、これが100個も200個もあるならば、いくつか試したマシンのなかから選択するのが現実的でしょう。過去の経験に頼って既知のマシンばかり「活用」していれば、高い報酬を出すマシンに行き着けません。「探索」ばかり続けても、報酬出力の高いマシンに出会えるかわからないので利益を最大化できないリスクが高まります。

このように、**探索と活用はトレードオフの関係**にあります。

しかし総合的に考えると、結果は不確実なものの飛躍的な成長を生む可能性がある「探索」に一定以上チャレンジしたほうが、長い目で見たときに最適解に近づくといえます。

この観点を踏まえると、現在の行政の施策はあまりにも「活用」に偏り過ぎています。大きなリターンが得られる可能性もある「探索」にリソースを振り分けてこそ、日本の活路はひらかれるのです。

1%の革新が社会の大変化を生む

探索としての小さなチャレンジ、0を1にする最初の一歩が肝心です。どんな分野においても、**1%の「新しいことを思い描いた人」が社会全体の暮らしや世界の形を大きく変えていく**のが今の世界です。

たとえ成功率は低くとも、小さな0→1の動きがどんどん生まれないと社会は停滞してゆき、イノベーションは生まれません。ビジネスの例でいうと、大企業が新規事業を立ち上げてチャレンジしていかないと、既存の事業が徐々に陳腐化してゆき弱体化してしまう現象とよく似ています。無論、新規事業で四苦八苦してなんとか新しい製品やサービスを生み出しても、最初は売上が小さく、インパクトがない場合がほとんどでしょう。でも、その0と1の差にはものすごく大きな意味があります。

起点となる0→1は、誰かの個人的な熱量で始まるほうが圧倒的に面白いものが生まれます。これは多分に主観的な話ですが、新規事業を立ち上げたい大企業がコンサルティング会社に依頼してつくったようなジョイントベンチャーよりも、「本当にこれつくるの？」という個人の偏執的な発想から始まった事業のほうが、真に革新的なものを生み出す可能性は高いといえます。

たった2人でガレージから始めた開発が今や世界中の人々に使われるGoogleを生み出したように、自動織機製作所の一角で始まった自動車開発から世界のトヨタが生まれたように、イノベーションの小さな第一歩が飛躍的に成長して社会に大変化をもたらすことは決して珍しいことではありません。

東京が、多様性のあるイノベーションがどんどん生まれる都市へと変貌するために、経済、教育をはじめ、行政、そして民主主義の仕組みのアップデートが急務です。

次章から詳述していく各分野の施策とビジョンは、ソフトウェア開発でいうところの、いわば〝バグ〟出しといえるものかもしれません。

システムの開発をしていると、**全体のソースコードのほんの1%ほどの修正を加えることで処理速度が100倍も向上する**、ということがしばしば起こります。不具合の要因となる小さなバグを取り除くだけで、劇的にパフォーマンスが上がったりするのです。

1％の革新で私たちが生きる未来をもっと輝けるものにできたら、すごく面白いと思いませんか？　イノベーティブな東京モデルで日本をリブートしていくことは確かに可能なのです。

では、わくわくする未来の話を具体的に始めていきましょう。

第2章

令和の〝ジン〟所得倍増計画

Talking about
Our 1% Revolution

日本の所得

選挙戦を通して、「生活が苦しい」という声をたくさん聞いてきました。

東京の平均年収は約585万円で、全国平均の約489万円を上回っていますが（厚生労働省「令和3年賃金構造基本統計調査」より算出）、物価高や東京の住宅事情を考えると、とても生活にゆとりがあるとは言い難いでしょう。実際、国土交通省の資料によると、**都道府県別の経済的豊かさは、さまざまな支出を差し引くと東京は全国最下位**という結果です（国土交通省「企業等の東京一極集中に関する懇談会」2021年）。

生活レベルで実感のもてる豊かさをどうつくり出すかは、喫緊の課題です。本章で新産業による所得倍増プランを示すにあたり、まずは現状の基本データをざっとおさえておきたいと思います。

経済協力開発機構（OECD）の調査では、2022年における日本の平均賃金（4万1509ドル）は**38カ国中25位**にとどまります。長期の賃金の上昇率を比較してみても、1991年の平均賃金を100とした場合、OECD加盟国平均では2022年までに33％

図5　平均賃金の変遷

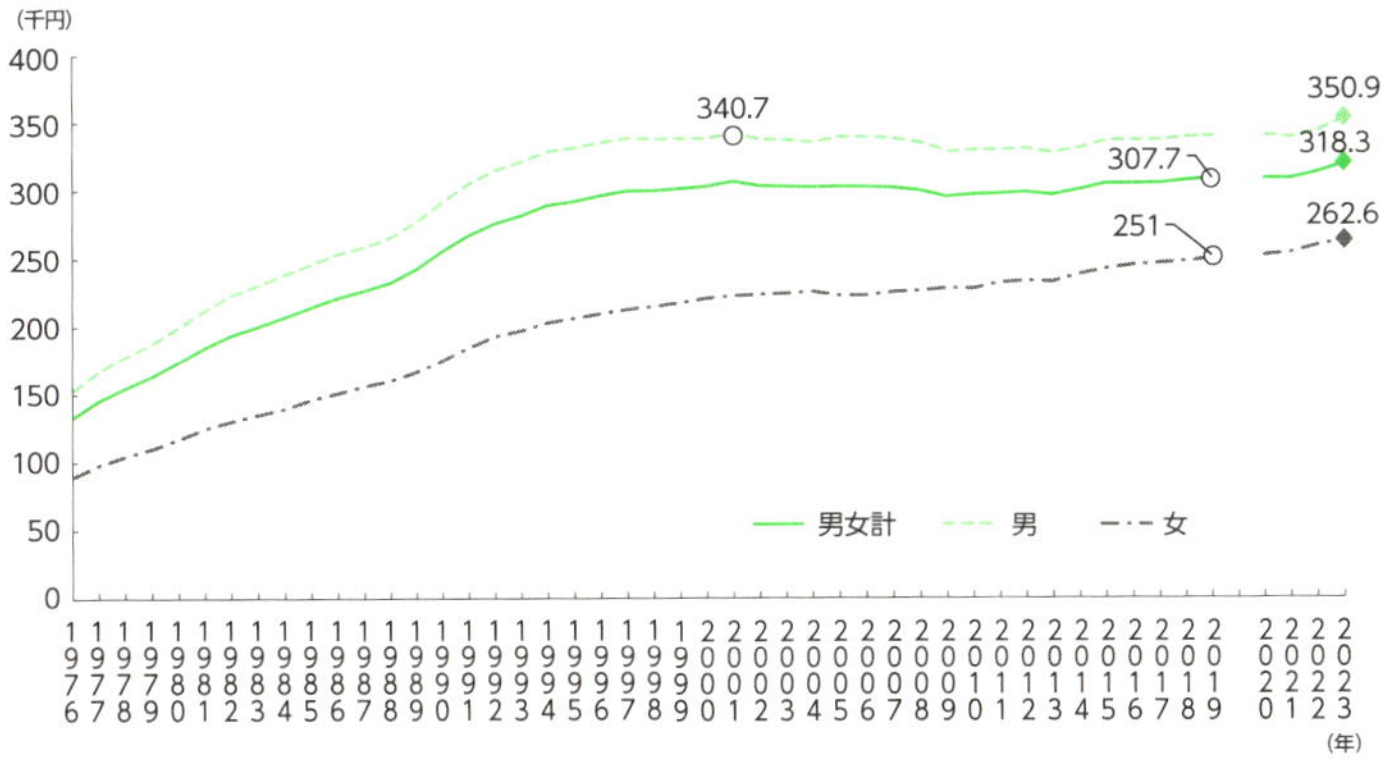

注：○印は令和元年（2019）以前における賃金のピークを示す

出典：厚生労働省「令和５年賃金構造基本統計調査」

上昇したにもかかわらず、日本の平均賃金はわずか３％の上昇です（野村総合研究所分析）。国内調査を見ても、１９７０年代からの平均賃金は令和元年以前では２００１年をピークにほぼ横ばいの推移です（図５参照）。

つまり、**日本人の賃金はここ30年ほとんど上がっていない**のです。

１９９０年代のバブル崩壊以降、日本の経済は「失われた30年」に突入して現在に至りますが、日本の国民１人当たりＧＤＰがＯＥＣＤ加盟国中96年には５位だったのが、今や27位にまで転落。現状、国民１人当たりＧＤＰはアメリカの６割ほどしかありません。

なぜこんなことになってしまったのでし

ょうか？

ＩＴ革命以降、グローバル化は大きく進展し、インターネットの普及やスマホの登場に伴って海外企業とのテック競争が巻き起こります。しかし、かつて高度経済成長を牽引した製造業を中心とした日本の大企業は後手にまわり、イノベーションを興せないままＧＡＦＡＭに代表される米ＩＴ企業の後塵を拝することになりました。

経済学者の野口悠紀雄氏は、90年代に日本の製造業が中国の工業化で大打撃を受けたさい、「人減らし」で従来の製造業を維持し、必要な技術開発やビジネスモデルの改革を行わなかった問題を挙げています。結果、売上高に対する付加価値が低下し、賃金を上げることができなかったと指摘しています（『どうすれば日本経済は復活できるのか』）。

これは古いビジネスモデルを温存し、**高い付加価値を生むビジネスモデルの模索や、技術的なイノベーションを生むチャレンジに注力してこなかったツケ**であることは否めません。

敗因は複合的ですが、スタートアップ文化の醸成に失敗したこと――リスクをとってイノベーションに挑む起業家精神も、そこに積極的に投資する財界や金融機関のマインドも欠如していた点が大きいと、私は見ています。

半導体分野でいえば、１９７０年代後半から日立、日本電気（ＮＥＣ）、東芝などの日本のメーカーが躍進し、ＤＲＡＭ（半導体メモリ）市場における日本の世界シェアは、80年代半ばには8割にまで達していました。ところがその後イノベーションのジレンマに陥って負けてしまい、90年代に凋落の一途をたどります。

検索エンジンに関しても、90年代半ばには、日本電気の「NETPLAZA」、富士通の「InfoNavigator」などが開発され、ＮＴＴグループのロボット型検索エンジン「goo」は大きな注目を集めていました。ところがマーケットのグレーゾーンを攻めきれず、２０００年代にはGoogleにとって代わられたのは周知の事実です。

さらには、２０００年代には天才プログラマー金子勇が、ブロックチェーン技術の先駆けともいえるＰ２Ｐ技術（ユーザーが匿名でファイルを共有できる仕組み）でWinnyを開発していたにもかかわらず、著作権法違反幇助の罪で起訴されました（後年、裁判で無罪判決が確定）。日本社会はゲームチェンジャーとなり得た異能の才を活かしきれなかったのです。

半導体・ＩＴ分野におけるイノベーションの萌芽は日本にいくつもあったにもかかわらず、来るべき未来を予測し、新興の技術や企業に大胆な投資を行う経営者はほとんど現れなかった。高付加価値な情報産業を生めないままに勝者と敗者を分かつ重要な機会をみすみす逃してきてしまったのです。

なぜ新産業への「選択と集中」なのか

私が考える東京都の経済活性化戦略の中心は、**新産業に対する「選択と集中」**です。新産業といわれても、〝自分とは関係のない遠い話〟に感じる方も多いかもしれません。しかし、新産業は私たちの仕事や生活に直結するのです。私が新産業に注力したほうがよいと考える理由は、次の3つです。

①イノベーション産業は付加価値が高い。
②イノベーション産業は自社の社員だけでなく周辺産業の給与も上げる効果がある。
③イノベーション産業のサービスは地域課題を解決し、住民の生活の質の向上につながる。

強い技術系企業が拠点を構えると、地域経済全体の大きな活性化が期待できます。経済学者のエンリコ・モレッティは、**イノベーション産業は周辺への雇用の好影響として5倍の乗数効果がある**と分析しています（『年収は「住むところ」で決まる　雇用とイノベーションの都市経済学』）。

例えばトヨタの本社がある愛知県豊田市は企業城下町として発展し、市内の製造業就業人口9万3000人の約8割が自動車関連の産業に従事しているのは周知の通りです。フォルクスワーゲンを生産しているドイツのヴォルフスブルク市は年産100万台を可能にする10万人規模の都市として発展し、約半数の5万人がVW社の社員です。

アメリカのシリコンバレーには、スタンフォード大学を筆頭とする大学・研究機関やスタートアップ、ベンチャーキャピタル等が集積しました。優秀な技術人材もおのずと引き寄せられ、世界トップクラスのスタートアップ・エコシステムが形成されています。

インドのバンガロールはIT企業のアウトソーシング先として2000年以降大きな存在感を示し、GAFAやインテル、サムスンをはじめ350社を超える外国企業が拠点を置き「インドのシリコンバレー」と呼ばれるまでに急成長しています。

直近の例でいえば、半導体の受託生産で世界最大手の台湾企業TSMCが工場を建設した熊本県菊陽町では、同社の直接雇用は2000人程度ですが、顕著な人口流入が確認され、工場関係者の暮らしを支える産業による経済効果も出始めています。

つまり、**強い技術系企業を育成・誘致できると、経済が活性化し、周辺の既存産業の発展にもつながり、地域の所得水準が向上し、税収もアップ**します。経産省の最新の試算では、スタートアップによる経済効果は、創出GDP10・47兆円（間接波及効果まで含めると19・39兆円）、新たな雇用創出52万人、そして所得創出は3・17兆円です。企業単一の経済・雇用へのインパクトのみならず、周辺のビジネスへのシナジー効果も非常に高いのです。

実は過去10年の株価の動きを比較すると、GAFAMを除くS&P500はTOPIX（東証株価指数）と大きな差はありません。過去30年間でTOPIXは約1・6倍の上昇にとどまりますが、S&P500が記録した約10倍の上昇は、新産業が牽引してつくり出してきたものなのです。

AIという起爆剤

新しいテクノロジーの中でも、とくにAI領域は今後、大きく成長することが確実視されています。

OpenAIのGPT-4を筆頭に、GoogleのPaLM、Meta AIのLlaMAなど**大規模言語モデル（LLM）の進化**が加速しています。テキスト・音声・画像など、種類の異なる情報データを総合的に処理できる**マルチモーダルAI**の進歩により行動認識や異常検知ができるようになり、防犯カメラや生産設備の保全、自動運転など各産業への応用範囲は広い。

また、最新の**AIエージェント**は、複数のAIモデルを組み合わせることで、高度で複雑なタスクを自律的に行うことができるため、スケジュール管理やデータ入力などの事務作業を大幅に軽減できることが見込まれています。

AIを使えば、社会が集積してきたビッグデータを使って、人間がなし得ないスピードと規模でこれからの産業と暮らしをアップデートできるのです。

前項の3つの観点から、順を追ってご説明しましょう。

①の付加価値の観点でいうと、AIのインパクトはモビリティ、医療、教育など既存産業の一層の発展にもつながります。各種レポートを見ても市場規模の広がりは明らかです。
P&S Intelligenceによる市場調査レポートでは、医療画像向けAIの市場規模は、2030年には119・2億ドルと2021年と比較して10倍超になることが有力視されています。Emergen Researchの分析では、AIによる教育分野の市場規模は、2027年までに178億3000万ドルに達すると予測されています。
②の周辺産業の平均給与を上げる効果については、エンリコ・モレッティが前掲書のなかで、とくにハイテク産業において、都市の高技能労働者の割合が増えると、その他の労

図６　AIが各産業にもたらすインパクト

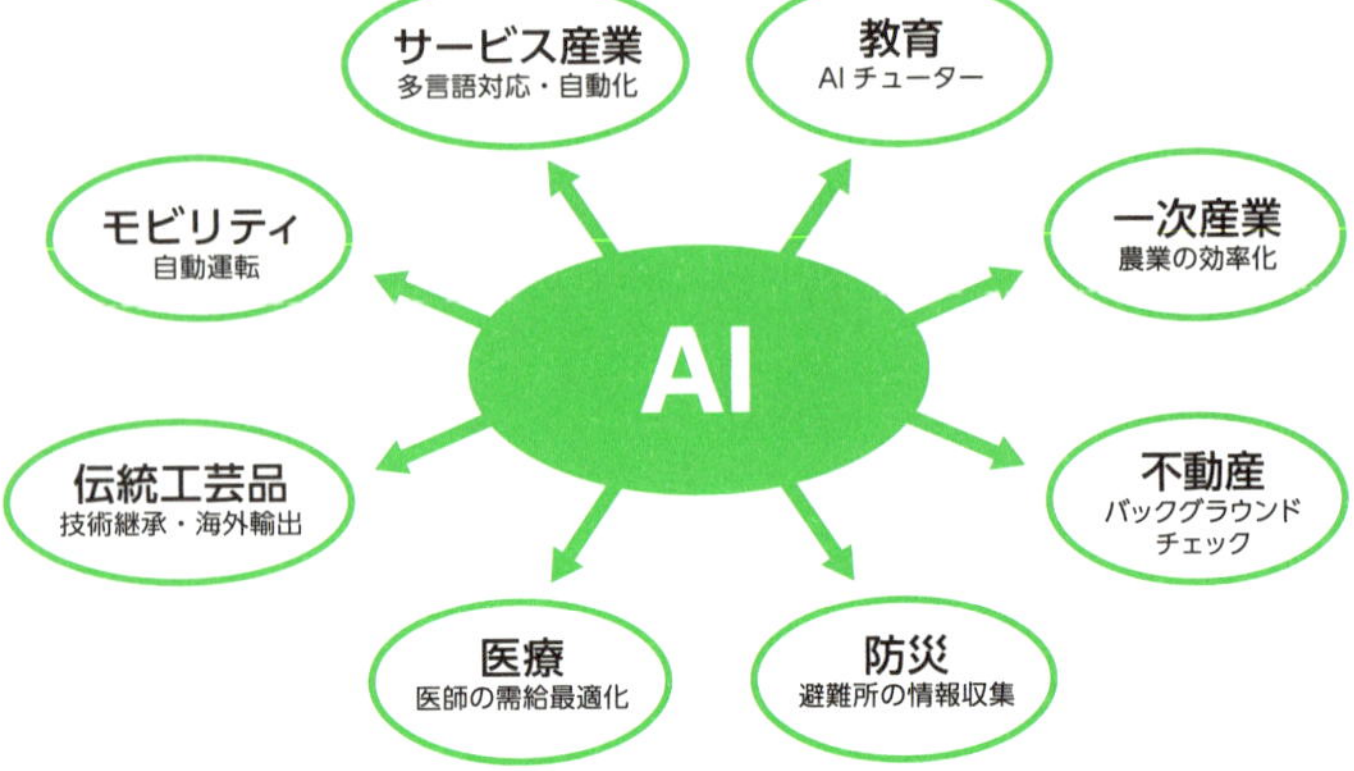

技術企業が集まると、既存産業のさらなる発展にもつながる

働者の賃金も上昇することを指摘しています。大卒者人口の割合が10％増えるだけで、その都市で働く高卒者の年収は７％ほど上がる。教育レベルの高い「都市の人的資本」との交流で知識の伝播が促進され、周りも生産的で創造的になり、経済的な恩恵を受けられるというのです。

さらにいうと、著名な社会学者のリチャード・フロリダは、科学、エンジニアリング、教育、芸術、娯楽などにかかわる**クリエイティブ・クラスが集中する地域は、都市のイノベーション指数やハイテク指数と高い相関関係がある**ことを指摘しています（『クリエイティブ資本論』）。

これらは何を意味するかというと、新技術に明るい高度人材によって地域経済が活性化するだけでなく、彼らが身近に住んでいることによって、その周辺で働く人々がクリエイティブな刺激を受けるのです。例えば美容院のDX化が進んで生産性が上がったり、地元の農作物のブランディングで新たな販路が切り開かれるなど、効率化や新しい売り方という発想が生まれてきます。

これは、従来より言われてきた高所得者の豊かさが低所得者層にも波及するという「経済トリクルダウン」とは少し異なる話です。**クリエイティブな刺激で、地域の人々のなかにあった創造性が活性化することで、ボトムアップで増収増益が実現する世界線**です。

近年、トリクルダウン理論の限界が指摘されるなか、私の考える新産業による活性化とは、このボトムアップのベクトルを含んだものであることを強調しておきたいと思います。

③の地域課題の解決については、住民の生活の質の向上への好影響も重要なポイントです。行政やサービス産業における多言語対応、各種産業における業務効率化、自動運転の先駆的な導入などで、生活レベルの向上を実感でき、過疎地域の問題の解決にもつながるでしょう。

今、世界的にみてもAI領域の投資は過熱しており、2027年までにはAIへの投資総額は年間1兆ドルを超える可能性が指摘されています（Leopold Aschenbrenner,

SITUATIONAL AWARENESS）。途方もない数字に捉える読者も多いでしょうが、過去最大級の設備投資となるこの金額も、アメリカのGDPの3％に過ぎません。同書の著者は、第一次世界大戦中、イギリス、フランス、ドイツがGDPの100％を超える借入を行い、アメリカは20％を超えていたこと、第二次世界大戦中には、アメリカは60％を超える借入を行ったことを指摘します。

AIは他のシリコンバレーから生まれたテクノロジーと異なり、新しいモデルが登場するたびに、巨大なデータセンター、新しい発電所、最終的には巨大な新しいチップ工場が必要となります。いわばアメリカの産業力を結集させる競争なのです。規模では比較にならないものの、日本でも国産生成AIの開発を進める「GENIAC」プロジェクトが始動し、政府から84億円の予算がつけられています。

将来の市場規模の推定を踏まえても、他国との比較でみても、AI分野への投資を躊躇する理由は見当たりません。

前述のように、**東京は先進テクノロジーに対して親和的でニーズも高いことから、AI関連の技術系企業が集積しやすい素地があります**。世界の都市総合力ランキングの「研究・開発」部門で東京は4位に入るなど、学術都市として一定の評価を得ていることや、東アジア地域において比較的地政学的リスクが低いこともポジティブな要素として挙げられるでしょう。実際、OpenAIやMicrosoft Research、異例のスピードでユニコーン企業となったSakana AIなどが東京に拠点を置いており、一大ＡＩ都市として発展を遂げるポテンシャルは十分にあります。

さらにいえば、東京都という単位は、ＡＩ産業への大胆な「選択と集中」に取り組むのにちょうどよいサイズ感です。

というのも、国全体でＡＩに舵を切るには、スピード感を持って動きにくい。日本全土の課題を包括するようなビジョンをつくろうとすれば抽象的にならざるを得ませんし、国が特定の産業に「選択と集中」の判断を下すことも難しいでしょう。

２０１２年、安倍晋三首相（当時）は「大胆な金融政策」「機動的な財政政策」「民間投資を喚起する成長戦略」というアベノミクスの「３本の矢」を発表しました。提唱には一定の意味があったと評価できるものの、「第３の矢」については、道半ばで終わってしまいました。規制改革や投資促進といった政策は大胆さを欠き、新産業の創出や育成が狙っていたほどには進まなかったのも、ある意味、国の限界を示しているのではないでしょうか。

その点、都であれば機動力はかなり上がります。現実的な課題に対応した具体的なビジョンを描きやすく、また特定の産業に思いきってフォーカスした「選択と集中」の判断も下しやすい。都において成功モデルをつくることができれば、他の自治体に横展開していくことも可能です。

ＡＩ×ハードという活路

ＡＩをビジネスの起爆剤とするうえで、日本企業の強みを生かせる道を見誤ることなく、リソースを集中させる戦略が必要となります。もう少し解像度を高くして説明すると、一口にＡＩといってもその産業構造は次の５層にわけられます

第１層が「**エネルギーの調達**」（生成ＡＩはデータ学習に膨大な電力を消費する）、第２層は「**半導体**」（NVIDIA、TSMCなど）、第３層は「**基盤モデル**」（機械学習モデルの一種で、OpenAI社のＧＰＴモデルなど）、第４層は「**アプリケーション**」（基盤モデルを活用したソフトウェア。Chat-GPTシリーズなど）、第５層がサービスを実際に使う「**ユーザー**」です。

そのなかで、**日本が最も目を向けるべきは第４層である「アプリケーション」のレイヤー**だと私は考えます。

アプリケーションは一般のユーザーが生活や仕事においていかに利便性を享受できるかを工夫する分野です。例えば私が「ＭＮＴＳＱ」でＡＩ技術をリーガルテック領域に展開

したように、特定の領域に特化して学習させ、最適化するのです。

米中がリードする基盤モデルの技術競争に割って入るのは資金力の面でハードルが高いですが、アプリケーション領域では、いかに基盤モデルと市場のニーズをうまく結びつけるかに勝機があります。エンドユーザーにきめ細やかで心地よいサービスを提供するのは、日本が得意とするところでしょう。

そのとき、アプリ単体の勝負というよりは、**ハードと組み合わせた領域で日本はイノベーションを起こせる可能性が高い**、と私は見ています。

例えばAI×介護ロボット、AI×配膳ロボット、AI×自動配送車、AI×見守りカメラなど、モノづくりのクオリティの高さとAIがうまく結びついたときに画期的なものが誕生するのではないでしょうか。ハード×ソフトの混合レイヤーには、日本の勝ち筋となるチャンスがあると考えています。

かつて戦後日本の高度経済成長を支えたのは製造業でしたが、テレビや洗濯機、エアコンなどの家電も自動車も、その基盤技術を生みだしたのは欧米です。日本企業はそれを高度に応用して、機能性と利便性を飛躍的に高めて、人々の暮らしのニーズに応える画期的な製品を生み出すことで市場を席巻しました。

モノづくりの伝統的な強みは、実はAI時代にこそ応用可能性が高いのです。

例えば、消化器内視鏡は日本のメーカーが世界シェアの98％を占めますが、内視鏡の撮影画像からがんを見つけ出す診断は難易度が高く、初期の胃がんの20％前後は見落とされているといわれています。日本の現役医師によるスタートアップ、ＡＩメディカルサービスが開発した内視鏡ＡＩは、画像１枚を０・０２秒で分析、動画では94％の精度でがんを検出します。消化管のがん見逃しゼロをミッションとする同社は今、革新的なテック企業として世界から注目を集めています。

このように、ことＡＩ×ハードという領域には日本の大きな活路があるのです。

育成と誘致という2つの課題

さて、新技術の産業への「選択と集中」といったとき、①育成、②誘致の２つのレイヤーで課題が出てきます。

まず新産業を「育てる」ための課題でいうと、資金調達の面ではこの10年でかなり改善してきており、創業初期の支援制度は整ってきました。ＴＯＫＹＯ創業ステーションが相談の窓口となり、創業助成金や若手・女性リーダー応援プログラム助成などの制度も用意されています。もっとも、日本の支援制度は広く薄い、創業期向けの支援になりがちで、韓国やフランスのように**見込める市場規模の大きさや海外展開の有望度に応じて集中支援できていない**という課題はあります。

そして事業の「成長期」を支える環境は不十分で、大きく育てるうえではグローバルVC（ベンチャーキャピタル）の越境出資を呼び込むことが重要になってきます。有力ベンチャーの情報をプッシュ型で海外に提供したり、政府が米国系VCに出資し、日本への投資を呼びかける等の支援策が必要でしょう（経産省「令和元年度戦略的基盤技術高度化・連携事業」BCG作成資料）。

東京がグローバルな資金の回遊ネットワークに接続していることが重要で、シンガポールや韓国が実施しているように、投資されたベンチャーの出口戦略《イグジット》の充実——M&Aのしやすさを整えることが、海外からのリスクマネーの供給を促進することにもなるのです。

行政側が有力なスタートアップを使いながら育てるという視点も必要です。ピーター・ティール創業のPalantirはFBIやCIAといった諜報機関向けの解析システムをつくるスタートアップですが、政府の手厚い支援を受けて、今や世界的なユニコーン企業に成長しています（日本の警視庁もそのシステムを導入）。行政がサービスを使うことでスタートアップ企業を育て、自分が必要なサービスを提供してくれるエコシステムをつくるという発想は、行政にとっても、企業にとっても、地域経済にとってもメリットがあり一石三鳥なのです。

イノベーションを生む場づくりの観点でいうと、日本ではお金よりもむしろ、**人材の問題が大きい**と私は思っています。

エンジニアのような専門知識をもった技術系人材、ならびにアントレプレナーシップ（起業家精神）をもった人材――技術と問題解決を結びつけられるビジョンを描ける人材の両方が圧倒的に足りていません。

国内の人材の流動性が低く、有望なスタートアップやより大きな富を生むであろう新しい産業分野に取り組むだけの人手が不足しているのです。ビジネスモデルが確立した成長期のスタートアップも、人が採用できないが故に素早く成長ができない。実際、スタートアップ経営者と話すと、「採用が加速できればもっと早く成長できるのに」という話になることが多くあります。

さらにいえば、東京は世界の人材ネットワークから孤立しているため、海外の高度人材の流入がまだまだ少ない状況です。後述するさまざまな理由から、高スキルをもった外国人が働きづらい国になっているのです。

人材育成は、国内で技術系人材を育てるための抜本的な教育改革が必要であり（第3章で詳述)、それなりに時間を要するでしょう。

より早く結果を出せるのは「**海外の技術系企業の誘致**」だと私は考えています。

参考にしたいのは、中国のＡＩ業界の事例です。

現在の中国は、ＡＩ領域でアメリカに次ぐ世界第2位の競争力があります。しかし、30年前の時点では、ここまで中国のエコシステムは成熟していませんでした。転機となったと言われているのは、１９９８年、**マイクロソフト社が世界3番目の研究所として北京に「マイクロソフトリサーチアジア（ＭＳＲＡ）」を設立したこと**。そこにはもちろん、海外からやってきた情報科学の研究者たちもいれば、現地で雇用された中国人技術者たちもいました。そして20年ほどが経つと、このＭＳＲＡを〝卒業〟した人材が各々に事業を立ち上げたり中国各地の研究機関に散ったりして、現在の中国におけるＡＩ産業を大きく形づくっていったのです。

もし、ＭＳＲＡが設立されず、国内発の同等の機関が誕生するのを待っていたなら、中国のＡＩ産業の発展は十年単位で遅れていたはずです。トップクラスの研究機関やグローバル企業を誘致し、人材輩出や自国の企業とのシナジー効果を生むハブとするのは非常に効果的な戦略です。

国内の教育機関でのエンジニアや起業家の育成を中長期的施策で進めつつ、最短のショートカットとなりうる海外機関の誘致をファーストステップとして行うべきではないでしょうか。

サンドボックスとしての「特区」

技術系企業の誘致や育成に有効なのが、産業が集まるための「特区」づくりです。

行政における「特区」制度は、先にも触れたソフトウェアの開発におけるサンドボックス——いわば自由に新たな試みを行い、実証研究や課題解決のできるテスト環境です。一定の区域・期間が定められた特区では、規制が緩和・撤廃され、新しい技術がワークするかを検証する実験的な場となります。

まず、**東京区部エリアを「集積・交流の場」**と位置づけ、海外の有力企業への税制優遇や補助金の充実、スタートアップ企業向けには法人都民税を一定期間減免するなどの優遇措置を講じ、研究開発機関やスタートアップの拠点も呼び込みます。

都内にある既存の大学や研究機関との連携を促すほか、日本政府が「世界を席巻する国内発のディープテック・スタートアップ創出」を掲げて取り組んでいる「グローバル・スタートアップ・キャンパス構想」との連携も模索。東京を国際的な技術革新の中心地とすることで、都内企業の全体的なレベルアップや海外投資家の誘致にもつなげていきます。「SusHi Tech Tokyo」（SusHi Tech は Sustainable High City Tech の略）のような好例がすでにありますが、スタートアップや成長産業の関係者が世界中から集まるようなイベントを積極的に都内で開催していくことも重要だと考えます。

次に、**東京西部エリアや島しょ地域を「実証・課題解決」の場**に設定します。具体的には多摩地区や島しょ地域でスマートシティにまつわる企業を集積し、自動運転先進都市とすることで、産業発展と課題解決を実現するのです。

とくに東京西部エリアや島しょ地域では、移動をめぐる不便を強いられている方が多くいます。自動運転は、少子高齢化社会でバス・タクシーのドライバー不足問題を解決する切り札です。

東京都の交通不便地域には23区で66万人、多摩地域で145万人が暮らしているといわれています。そうした地域で、とくに高齢者の移動手段として利用されているのはバスやタクシーですが、例えば全国のバス運転手の平均年齢は53・4歳と高齢化が進み（「令和5年版 国土交通白書」）、深刻な人手不足でバスの減便が相次いでいます。将来的にはサービス水準の維持が困難になることが予想されています。

まずは東京西部、島しょ地域で10地域を選定して自動運転レベル4の実証実験を行い、翌年度以降5地域で実運用化を目指してはどうでしょうか。住民の生活における主要道路が複雑すぎず、経路や場面のパターンが少ないこうしたエリアは技術的なハードルも低い。交通量が多すぎず、事故リスクの低い場所で安全性を高めていけば、他の区や自治体に広げていくさいに大きな推進力になるでしょう。

バス・タクシー運転手の労働環境を改善しつつ、地域住民の足として医療機関・商業施設へのアクセスをスムーズにして経済的な好循環も生み、自動運転先進地域のモデルとするのです。

未来のモビリティ

特区を経済の起爆剤にするうえで、各種先端テクノロジーのなかでも、まずAIによる自動運転の領域に絞って提案しているのは、**〝お金が儲かる道筋〟がはっきり見えている**からです。自動車産業の未来を担う自動運転領域は、すでに国内外でさまざまなプレーヤーが参入し、大きな成長が見込まれる分野です。

サンフランシスコ、ロサンゼルス、フェニックスではGoogle系のWaymoが自動運転タクシーのサービスをすでに一般のユーザーに提供しています。同社は自動運転トラックの開発も手掛け、ダイムラートラックやＵＰＳなどと協同し、次世代の配送向けソリューションを開発中です。

ラストマイル配送（物流の最終拠点からエンドユーザーへの配送）の無人車道走行ロボットを手がける米スタートアップNuroは、ウォルマートや米セブン‐イレブンなどとパートナーシップを結び、Uber Eatsへの導入も決まっています（カリフォルニアを起点に順次拡大予定）。

北京や上海など中国の10都市以上ですでにBaidu（百度）による自動運転タクシーのサービスが展開されています。同社は、システムがすべての走行を行う自動運転レベル４のＥＶ車の市販化を目指しています。

自動運転タクシーのマーケットは、２０３０年までに約９８６億ドルになるという予測もあり（調査会社SNS Insider）、見込まれる市場規模が極めて大きいのです。

日本では、２０２４年にレベル４の自動運転バスが羽田空港に隣接する「HANEDA INNOVATION CITY」において、定常運行がスタートしました。また、次世代物流システムの構築を進めるＴ２は、新東名高速道路で90分間ドライバー未介入での連続走行を成功させ、ドライバー不足による物流問題に風穴をあけようとしています。

自動運転の領域で、日本勢がどれだけ躍進できるかは不透明です。今後どれだけ優れた技術を開発できるかだけでなく、国内の規制がどうなるかによっても左右されるでしょう。東京が果たせる役割は大いにあるはずです。

アルゴリズムと倫理の問題

ここで補足しておきたいのが、ＡＩによる自動運転はまだ発展途上の技術で、安全面に関しては一定のリスクも存在するということです。米ＧＭ傘下のCruise社は、同社の自動運転タクシーがカリフォルニア州で人身事故を起こし、同州内での営業停止処分を受けました。

私はデビュー作となる長編小説『サーキット・スイッチャー』で、自動運転車のアルゴリズムと倫理にかかわる問題を扱いました。これは当時、私が起業した「ＢＥＤＯＲＥ」社でコールセンター向けのオペレーターの自動応答システムを開発した経験から浮上したテーマでした。

例えば、応答の正確性を重視して「これにはお答えできません」という返答が増えてもよいとするか、多少間違ってもいいからできるだけ回答することを優先するのか？　リスクがあれば人間のオペレーターにパスするのか？　それともAIがなるべく応えようとするべきか？　アルゴリズムのさじ加減ひとつで、〈困る人〉〈利益が得られる人〉の割合が変わります。アルゴリズムのパラメータのチューニングは、極めて政治的であり、ビジネスや社会全体を見た意思決定が求められるものなのです。

お客様センターの相談なら間違っても人命には影響しませんが、よりシリアスな場面でAIの活用が進んでいくなかで、微妙なパラメーターチューニングの抱える倫理的問題とどう向き合うか——それこそ自動運転で人命にかかわるような選択をしなければならない場面を突き詰めて考えたわけです。

功利主義的に関係者の利得の合計値を最大化する考え方がよいのか、義務論的な社会的観念に従う考え方がよいのか？

これはあくまで思考実験ですが、病院に今にも死にそうな3人の患者がいて傍に自殺願望のある1人の健康体の人がいたとき、健康な人の臓器を移植すれば3人の命が助かるなら、功利主義的には、健康な人が死んだとしても3人を助けたほうが正しいという結論になってしまいます。

当然、そんなことは許されませんが、功利主義的な考えと義務論的な考えのどちらが強いかは、国や民族によってかなり差があるのも確かです。「最大多数の最大幸福」を目指す功利主義ではしばしば少数者の犠牲が容認され、アメリカやイギリスでは政策決定においてこの考え方が強いといわれています。「行為の結果ではなく行為そのものの道徳性」を問うカントの義務論は、個人の人権や道徳性を重視するヨーロッパのいくつかの国で根強い支持を得ています。

もし走行中の自動運転の車がブレーキが間に合わず、片方に2人の老人がいてもう片方に1人の子どもがいた場合、アルゴリズム的にどちらにハンドルを切る設計が社会的に許容されるのか――そうした合意点を決めるのは、倫理的に非常に難しい問題です。

そんなジレンマに対する一つの暫定解を『サーキット・スイッチャー』には書きました。**アルゴリズムの中身をブラックボックスではなくホワイトボックスにしていくべき**、というものです。

このＡＩモデルにはこういうバイアスがある、こういうトレーニングを受けているという情報がすべて可視化され、みんなが議論するなかで社会的な暫定解を導いていく。無論、大半の人が合意したからといって、その解が諸手を挙げてよいことだとは思いません。それによって不利益を被ってしまった方には受け入れがたいことでしょう。

テクノロジーが伸長していくさい、しばしば社会のなかで軋轢を生みます。それまでになかったタイプの倫理的問題が生じたり、仕事や働き方の構造的転換を求められたりすることもあります。

社会問題は、こうすれば全員納得するという答えはないなかで選択をせざるを得ない場面がままありますが、**問題の中身を情報開示してフェアにホワイトボックスにすること、議論の過程もすべて「見える化」して、どんなプロセスで意思決定されたのかが誰にでもわかることが大切だ**と、私は考えています。

世界中の技術者・研究者が住みたいと思う都市に

話を戻すと、海外の技術系企業や高スキルな人材を東京に呼び込むうえで、配慮すべきいくつかの課題を整理したいと思います。

高度外国人材にとっての各国の魅力を国際比較したＯＥＣＤの「Indicators of Talent Attractiveness」という指標があります。これは入国管理、賃金、税、就労居住環境などの要素から魅力度を評価したもので、日本は38カ国中22位（２０２３年）です。上位国はニュージーランド、スウェーデン、スイスですが、とくに家族にとって教育や医療や住環境を含めて暮らしやすいかどうかが、ランキングの大きな差となってあらわれています（図7参照）。

図7　各国の魅力ランキング

出典：OECD「Indicators of Talent Attractiveness」(2023)

まず日本では入国時に、外国語しかできない海外の方が直面する「悪魔のチェーン」があることをご存知でしょうか。銀行口座がないと家が借りられず、家が借りられないと銀行口座がつくれないというデッドロック状態が生じるのです（基本的には、滞在が半年未満の外国人は銀行口座が開設できない）。

就業先の企業や研究機関が社宅や寮などを用意するならよいのですが、そうでなければ家賃の支払いのために外国人専門の保証会社の利用や海外のクレジットカードで支払うことを大家に認めてもらう必要があるので、入口でかなり高いハードルを課されてしまう。

日本語という言語障壁によって各種行政

手続きも非常に煩雑なので（手続きの手戻りが繰り返し発生しているという声が多数）、簡略化とDX化は急務といえます。

電子化されれば生成AIを使ってすぐ多言語対応できるので、ウェブやアプリで手続きを一気に効率化することが可能です。

外国人が暮らしのなかで利用するさまざまな民間サービス（交通機関や飲食店の利用などの場面においても、AI通訳機などを使いこなして多言語対応することが必要となるでしょう。

外国語で診察を受けられる医療体制を整える必要もあります。とくに子どもをもつ親にとって、英語で医療を受けられるかどうかは気になるポイントだからです。

実際、「東京で仕事がしたい」と考えているエンジニアや研究者は潜在的に多くいます。例えばGoogleでは、世界中にあるオフィスから希望の勤務先を選ぶことができますが、東京は人気が高い。文化的な面での充実度や食事のおいしさ、治安の良さなどが魅力的なのでしょう。

ただし、それは単身者に限った話。家族単位で東京に移住するとなると、二の足を踏む人が急に多くなります。大きなネックとなるのが、子どもの教育環境の問題です。

産業政策としてのインターナショナルスクール誘致

２０２４年現在、都内には外国人ビジネスパーソンの家族が英語等で教育が受けられる（東京都が認可する）インターナショナルスクールは14校あります。数自体はそれなりにあるように思えますが、その多くでは日本人生徒が主体です。「自分の子どもが英語をしっかり話せるようになってほしい」と考える親たちのニーズの受け皿となっています。

しかし、「子どもに高いレベルの教育を受けさせたい」「世界の一流大学に進学させたい」と考えている海外のエンジニアや研究者からすると、そうした日本人主体の学校は、質の高さや進学実績でかなり物足りなく映ります。インターナショナルスクールにもさまざまな〝格〟があるのが実情です。

その格の高さを測る一つの基準となるのが、ＩＢスコア。ＩＢとは国際バカロレア（International Baccalaureate）の略で、国際バカロレア機構が提供する国際的な教育プログラムのことを指します。これを履修し、ＩＢ試験で高いスコアを取ることができれば、世界中の一流大学に進学しやすくなるのです。

ＩＢ平均スコアによる世界のインターナショナルスクールのランキング（２０２４年）で、

トップ104校のうち、**日本のインターナショナルスクールはわずか1校しかランクインしていません**（都内のケイ・インターナショナルスクール東京）。同じ東アジアの香港のインターナショナルスクールは21校、シンガポールのインターナショナルスクールが11校もランクインしているのと比べると、かなり寂しい数字です（IB-Schools.com）。

「子どもを通わせたい学校が十分に揃っていない」という理由で、海外のエンジニアや研究者が東京に来るのを躊躇するのもわかります。

ハイレベルなインターナショナルスクールが東京に少ないのは、一つには、イニシャルコストの問題です。グラウンドなども含めると一定規模の敷地が必要となります。都内の中心部でそれだけのまとまった土地を見つけること自体が難しく、土地があったとしてもかなりの初期投資が必要となるからです。

その意味で、2023年に東京都小平市の文化学園大学跡地に英国の名門「マルバーン・カレッジ」の日本校が開校したのは非常によい流れといえます。周辺地域には、一橋大学や国立の情報通信研究機構などの大学や研究所が多くありますが、高度外国人材が家族で駐在するための英国式の国際教育インフラに対応する狙いだといいます。

全国規模では、近年インターナショナルスクールの開校がいくつかあります。

岩手県八幡平市の安比高原では、2022年、イギリスの名門校であるハロウスクールが日本初の英国式全寮制インターナショナルスクール「ハロウインターナショナルスクール安比ジャパン」を開校しました。地元でホテルやスキー場などを運営する「岩手ホテルアンドリゾート」のまちづくりプロジェクトの一環として誘致が実現し、建設費も同社が負担した形です。

また千葉県柏市では、千葉大学柏の葉キャンパス内に、イギリスのパブリックスクールの名門校「Rugby School Japan」が２０２３年に開校しました。千葉県や柏市が地元住民とともに策定した「柏の葉国際キャンパスタウン構想」の一環で、国内外の高度人材を街に呼び込むことを狙っています。

いずれの事例も、事業者や行政による強いコミットメントのもとで、著名なインターナショナルスクールの誘致に成功したと考えられます。23区内にも、土地の問題をはじめハードルは高いものの、行政が主導して誘致を実現させることは決して不可能ではないはずです。また、都内公立中高の一部をＩＢに対応したインターナショナルスクールに転換させることも合わせて検討すべきでしょう。

シンガポールなどでは、インターナショナルスクールの誘致はもはや国策と位置づけられ、大きな予算が割り当てられています。東アジアにおける都市間競争で勝ち抜くためにも、都には思い切った政治的判断が求められているのではないでしょうか。

あくまでこれは、教育政策ではなく経済政策であることに注意してください。教育政策という文脈で論じると、そもそも日本にあるインターナショナルスクールのほとんどは一条校（学校教育法第1条に定められた学校）ではないので、一般的な学校とは切り離された存在であり、行政庁のどこが所管するのかなどもあいまいになりがちで、公平性の問題も生じます。

経済政策として捉え、都がリーダーシップを発揮してこそ、高度人材を呼び込むための環境づくりは前進するでしょう。

アジェンダセッティングという方法論

ここまで海外機関の誘致について述べてきましたが、同時に国内・東京発の産業育成という視点をもつことも当然ながら必要になってきます。

スタートアップを育てるには、行政の側が、公共調達に対する考え方を変える必要があると私は考えています。**スタートアップがもつ高い技術力を、より積極的に行政課題の解決や政策実行に活用できる仕組み**を構築するべきです。

都はすでに、「現場対話型スタートアップ協働プロジェクト」という取り組みを行っていますが、これは東京都庁の都政現場における課題に対し、優れたスキルや技術を有するスタートアップとの対話を通じて共に解決を図るプロジェクトです。

まず、都の現場部署から、解決したい課題（テーマ）が提示されます。第2期（2024年度）のテーマを見ると、「混雑情報等のタイムリーな情報の発信により、銭湯の魅力向上・来店者の増加につなげたい！」（生活文化スポーツ局消費生活部）、「レインガーデンなどグリーンインフラの取組で、雨水流出抑制につながる新たな素材を取り入れたい！」（都市整備局都市基盤部）など、いずれも「～したい！」という形で締めくくられた10の課題が並んでいます。

この課題を解決するスタートアップを公募。実際に対話・ディスカッションを行い、解決策が都に採択されれば、プロジェクトが開始されることになります。意欲的な取り組みですが、果たしてこれが飛躍的な成長を遂げるスタートアップの育成につながるのでしょうか？　行政が解決したい個別課題の提示→解決策の公募・採用という形では、「対話型」をうたってはいるものの、どこか御用聞きの域を出ていないようにも感じます。

都がやるべき施策は、より本質的な**アジェンダセッティング（議題設定）**です。

これは、公共調達などにおいて、行政が社会的ニーズや政策目標を明確にする重要な手段です。局所的な課題を示すのではなく、より広範な社会課題を中長期的ビジョンも含めて示し、同時にそのビジョンを実現させるためのまとまった予算規模も明示します。そして解決策として想定する手段（技術）を「すでにある技術」だけでなく、「今はまだない技術」「近く開発されるであろう技術」をも対象にしつつ、解決策の提案を呼びかけるのです。

例えば以下のようなアジェンダセッティングです。

・誰でもいくつになっても望むならば結婚できる社会にする
【予算規模】年間1億円

・都民の運動不足を解消し、健康寿命を伸ばす
【予算規模】年間5億円

・廃屋・空き家の放置を許さず、住民への住宅供給の起爆剤にする
【予算規模】年間20億円

このような議題で、将来的なニーズと予算の裏付けが示されることで、民間がその課題解決に挑むインセンティブを与えるのです。都の大きな旗振りに参画する意思決定をしたスタートアップは自社に投資を呼び込みやすくなります。資金調達は技術開発を加速させますし、顕在化した一定規模の市場を前にして競争が活発化するとともに、より優れた技術が生まれる可能性も高くなります。無論、既存の企業が課題解決のために参画してもよいでしょう。結果として、行政は最初の顧客としてその恩恵を受けられ、サプライヤーに採択されたスタートアップも大きな成長を遂げる契機を得ることになります。

つまり、公共調達にアジェンダセッティングという考え方を持ち込むことで、**課題解決と同時に新たなマーケットの形成を促すという経済的効果も生むことができる**のです。

この一石二鳥のアプローチは、昨今注目を集めているインパクト投資に近いかもしれません。リスクとリターンという旧来の2軸だけではなく、そこに**インパクト（事業や活動の成果として生じる社会的・環境的な変化や効果）を3つ目の軸として投資の価値判断に含めます**。すると、投資主体（行政）は、投じた予算に見合うだけのリターン（課題解決）を得るだけでなく、スタートアップの成長促進や新技術の開発、それによる市場の形成といったインパクトを社会にもたらすことになります。

この分野の有識者の議論を聞いたことがありますが、「インパクト投資を成功させるには、投資家はどうすればいいのか？」という質問に対して、「アジェンダセッティング、以上です」と答えていたのが印象的でした。

仮に行政側に大きな予算がなくとも、魅力的なアジェンダセッティングと初期フェーズを支援する予算さえ用意できれば企業の参画を促せるでしょう。「最初の走り出しには予算をつけるから、あとはそれをビジネスにしてね」という形で、公共調達による社会課題の解決を図ることができるのです。

ちなみに行政によるアジェンダセッティングを阻む大きな要因の一つが、1年ごとに予算の作成と議決を行う単年度主義です。1年で結果を出そうとすると政策が場当たり的になりがちで、大きな課題に取り組みづらくなりがちです。

単年度主義は、憲法第86条で規定されている基本原則ですが、第二次岸田文雄内閣で、「財政の単年度主義の弊害を是正」することを打ち出しています（「令和4年度予算編成の基本方針」）。この国政での大きな流れを踏まえると、都政レベルでは都知事の任期が4年あるため、その期間に毎年一定の予算を割り当てることも現実味がある話ではないでしょうか。

あるいは、ファンドを活用する方法もあります。都の主導のもと、都や民間が資金を入れるファンドをつくれば、議会で承認を得る毎年の予算とは別の枠組みで、長期的に特定の産業を育てる筋道を描けます。すでに都が出資するファンドは存在しますが、細かく用途ごとに分けられたものが並ぶので、重要なアジェンダに対応できる大きなファンドをつくることも検討に値するでしょう。

人材流動性という課題

先にも触れたように、新しい技術分野のスタートアップや高負荷価値を生む産業へのシフトを阻む大きな要因として、国内の人材流動性の低さという問題があります。

2社起業した私の実感を込めていうと、都内には、需要は捉えられているのに、供給のための人材採用が追いつかずにスケールアップできていない企業が山ほどあります。その一方で、大企業には、転職の意向を持ちつつも実行に移せずに才能やスキルを持て余している人たちが大勢います。

人材の流動性が高まり、こうしたミスマッチが解消されれば、都全体の生産性も給与も上がると見ています。スキルをもつ人材が、生産性の低い企業に居続け、そのポテンシャルを発揮できない状態が続くことは何よりの損失ではないでしょうか。

旧来の終身雇用が根強く、転職の壁が高いことが人材の流動性の低さにつながっていきます。転職を繰り返しながらステップアップしていくキャリア観は以前に比べれば浸透してきているものの、まだ十分とはいえません。

ここで一つ問題点として提起したいのは、日本のベンチャー企業の生存率があまりに高すぎるという点です。ある調査によると、**日本における大学発ベンチャーの生存率は95・9％にも上ります**（価値総合研究所「大学発ベンチャーの実態等に関する調査」）。アメリカの大学発ベンチャーの存続率25・8％という数字と比べるとあまりにも対照的です。

こうした実態は決して好ましいものではなく、あえて厳しい表現をすると〝潰れるべき企業が潰れていない〟のです。生産性・収益性が低くても延命し続けている企業が多いと、人材がそこに滞留してしまいます。

市場のなかで淘汰されるべき企業は淘汰され、そこで働いていた人材がより生産性の高い企業へと移っていく――こうした循環を促進するデザインが必要です。

人材の流動性を高める具体策を二つ挙げたいと思います。**一つが副業（複業）の推進、もう一つがリスキリング**（ビジネスモデルの変化に対応するため知識や技術を学び直すこと）の支援です。

まずは副業について。スタートアップでは、業務が多忙になってくると、本業をもつエンジニアなどに対して、まずは副業という形で手伝ってもらうことがしばしばあります。

そうして「こちらのほうが面白い」と感じてもらえた結果、転職に至るというケースも多い。スタートアップ側も、限定的に一緒に仕事することを通じて、業務遂行能力や人柄を把握できるため、間違いのない判断ができます。副業は正規の雇用契約を結ぶ前に互いをよく知る期間ともなります。

そもそも、互いをよく知る機会がないままに就職や転職をすることは、雇う側にとっても、雇われる側にとってもリスキーなことです。「入ってみたらとんでもないブラック企業だった」、あるいは「雇ってみたらまったく期待外れだった」ということは十分に起こり得ます。

経営側の目線に立つと、簡単に解雇できないため、中途採用に慎重にならざるをえないし「当初提示する報酬額は低く抑えておこう」という心理もはたらくでしょう。人材の流動性の高い社会に移行していったほうが、パフォーマンスの高い人に高い報酬を払うという企業側のインセンティブも高まりますし、働き手にとっても、自身の価値が適正に評価されやすく、所得向上のチャンスも増えます。

労働者が単一の職場のことしか知らないよりも、複数の企業で業務経験を積んだほうが、業界全体にもメリットがあることは言うまでもありません。人材の交流が進むことで、より効率的な仕事の進め方のような無形のノウハウが、会社の枠を越えて伝播していくからです。

成長産業への転職を促すリスキリング支援

もう一つのポイントが、リスキリングです。

転職の動機として、「もっと稼げる会社に行きたい」と考える人は多くいます。その際、例えば「ビジネス英語を身につけることで収入アップを図ろう」という人もいれば、「これまでとはまったく異なる業種で勝負しよう」と考える人もいます。いずれの場合も新たなスキルを習得する必要性が伴います。

リスキリングを政策で後押しすることができれば、転職も増えていくでしょう。

東京都では「DX人材リスキリング支援事業」が実施されていますが、これは中小企業のDX推進を目的としたもので、個人の転職（または独立）支援はまったく考慮されていません。国のレベルでいうと、厚生労働大臣が指定する教育訓練の費用の一部が支給される「教育訓練給付制度」が運用されていますが、どこまで効果を発揮しているか疑問です。

実際リスキリングを実践するのはなかなか大変で、多くの場合、今の仕事と並行しながら、あるいは子育てのかたわら勉強に時間を割くことになるので、実務レベルで役立つ

〝稼げるスキル〟でなくてはあまり意味がありません。

シリコンバレーのスタートアップ Always Hired が運営している事業のモデルは、本当に意味のあるリスキリングとは何かを考えるうえで参考になります。同社はさまざまなリスキリング講座を提供していますが、その受講料は無料。その代わり、受講したことでスキルを身につけた人材が実際に成長産業への転職を果たしたときに、その後5年間の報酬の一部（20％）を授業料として回収します。

ここで重要なのは、**KPI（重要目標達成指標）が「成長産業への転職成功」に置かれている**ことです。受講者が本来的に求めているものでもあり、そこに明確にコミットメントする事業モデルは極めて合理的といえるでしょう。

行政によるリスキリング支援は、「講座を受けた人の数」などがKPIになっているため、実質的な効果を発揮しにくい面があります。都はこうした問題を把握したうえで、「成長産業にどれだけ転職者を送り込めるか」という視点を伴ったリスキリング支援を講じるべきではないでしょうか。

リスキリングによって、労働者がアクセスできる転職市場は格段に広がります。

実のところ、**同レベルのスキルでも「働いている企業がどの市場に属しているか」で年収はまったく変わります**。

例えば、データアナリストとして働く場合、金融機関では年収が１０００万円以上になることは珍しくありませんが、小売業界の同職種では５００万〜７００万円程度に留まることが多いでしょう。ＩＴ業界のエンジニアが８００万〜１２００万円程度なら、伝統的な製造業では同じエンジニア職でも年収は５００万〜８００万円程度といったところでしょうか。

転職による流動性を高め、各人が自分の能力・スキルを活かして「成長する場」に身を置くことが所得を増やす鍵となります。

経済成長は人間の「創造力」が源泉

ここまで、主に育成と誘致の観点から経済戦略を示してきましたが、本章の最後に、かつて日本が成功した奇跡の経済政策「所得倍増計画」について少し触れておきたいと思います。

時の首相・池田勇人が掲げた、１９６１年から10年間で国民総生産を倍増させ、国民の生活水準を先進国なみにするという経済成長目標は、わずか7年で所得倍増を達成しました。

計画をデザインしたのは池田のブレーンであったエコノミストの下村治。海外に門戸を開くことで外国の高い技術を導入し、それをもとに国内投資を活発化させ、製品の輸出を増進――それにより国民生産を倍増させ、道路・港湾・都市計画・住宅等の社会資本の拡充と完全雇用を実現するという戦略でした。

「経済とは人間が営んでいるもの」という思想のもと、教育と科学技術の向上を重視したのも下村の特徴です。

高度経済成長は、都心への人口大移動と世帯数の増加、カラーテレビ・クーラー・自動車の3Cへの庶民の旺盛な購買欲、企業の大胆な設備投資などによってもたらされました。その時期、**農業部門で「余って」いた労働力が勢いのある工業部門に移転し、完全雇用が達成できた**事実は押さえておくべきポイントといえます。人材の流動性は、雇用を不安定化させるネガティブなものではなく、必要とされる場でより能力を発揮するチャンスを高めるものなのです。

下村治は著書『日本経済成長論』のなかでこう記しています。

「私の興味は計画にあるのではなくて、可能性の探究にある。だれかのつくった青写真に合わせて国民の活動を統制することではなく、国民の創造力に即して、その開発と解放の条件を検討することである」

そして、**経済の発展を推進するものは「国民の創造力である」**と断言するのです。

振り返ってみれば、1955年にはじまる高度経済成長期には製造業を中心としたイノベーションが次々と生まれていきました。電気炊飯器、軽自動車、スーパーカブ、カラーテレビ、自動改札機……つまり、旺盛なアントレプレナーシップ（起業家精神）によってワクワクするような新製品が誕生していったのです。

この時代に働く人々は、生活がどんどん便利になり、豊かになるものをつくり出すことが、そしてその豊かさを享受することが楽しかったのだと思います。

今、私たちが取り戻すべきは、そんな活気あふれるボトムアップの創造力ではないでしょうか。製造業が日本のビジネスを牽引した時代は終わり、戦い方は確かに変わりました。AIをはじめ新しいテクノロジーの台頭により、グローバルなネットワークに接続するしたたかな戦略が必要ですし、いかにスタートアップを育てるかが命運を握ります。

しかし、結局のところ、**経済を動かすのは人間の行動力であり、創造力に他なりません**。スタートアップはものすごく大変ですが楽しい挑戦ですし、起業せずともアントレプレナーシップはあらゆる仕事のあらゆる立場で一人ひとりが発揮できるものです。

未来をつくる挑戦は楽しい――これが、何よりも皆さんに届けたいメッセージです。

コラム　AI時代の電力問題

AI産業への「選択と集中」を実施するうえで、避けては通れないのがエネルギー問題です。国政の範囲も含まれますが、この問題について触れておきたいと思います。

国際エネルギー機関（IEA）の試算によると、2026年に世界のデータセンターやAI、仮想通貨などによる電力消費量は2022年比で**最大2・3倍程度**に膨れ上がります。2022年に約460テラワットだった消費電力量が予想通り1000テラワットに達すれば、これはもう日本国内の年間電力に匹敵する莫大な量です。

別の報告では、2030年末までに1兆ドルを超える個々のデータセンターが造られ、アメリカの電力生産量の20%以上に相当する電力を必要とすると推計されています。AWS（クラウドコンピューティングサービスを提供するAmazon子会社）が原子力発電所隣接の受電容量960MWのデータセンタープロジェクトを開始するなど、ビッグテック間で熾烈な開発競争が進められています（Leopold Aschenbrenner、前掲書）。

生成AIの学習に大きな電力消費を要する現状に加え、今後「学習」だけでなく**「推論」のフェーズでも電力消費が加速**する見通しです。2024年9月に発表されたOpenAIの新型AIモデル「o1（オーワン）」のように、即時性よりも回答の精度を高めるため、推論時の計算量をスケーリングするという道もひらけつつあるからです。

また、AIによる自動運転の実装段階でも、必然的に都市の消費電力は高くなっていくでしょう。環境負荷の低減という社会的な課題と向き合い、AIの運用に伴う電力の需要増との両立をどう図っていくかがエネルギー政策のポイントとなります。

長期的視野に立ったエネルギー政策は、次の4つを重視すべきだと考えています。

・再生可能エネルギー導入促進
・テクノロジーによる電力消費・販売の最適化
・クリーンテック技術革新
・原子力発電再稼働検討の推進

現行のゼロエミッション東京は2050年までにCO_2排出実質ゼロを目指すものですが、まず2030年までに50%削減を目指すプランに私は賛同しています。いちエンジニアの素朴な実感としては、CO_2排出量という一つのKPIに最適化するのではなく、AIを中心としたテクノロジーによる莫大な需要増加への対応を合わせて考えるべきなのではとの思いはありますが、専門家ではないのでここでは割愛します。

再生可能エネルギー推進として、2025年4月から施行予定の新築住宅などへの太陽光発電設備の設置義務付けには、一定の意義があると考えています。一般家庭への太陽光発電設備、蓄電池導入への助成金は今も充実していますが、目指すべきは**東京都の電力消費の約３割を占める家庭部門の消費が再生可能エネルギーによってまかなわれる世界**です。各家庭で発電した電力を自家消費できれば、送電ロスもなく、災害時にも圧倒的に強い。東京の電力は供給元の多くを他県の火力発電所、水力発電所に頼っていますが、都内の自給率を高める努力をしていくべきでしょう。

　太陽光発電については、ネガティブなイメージをお持ちの方もいると思います。地方でのメガソーラー設置に伴う森林破壊、土砂崩れなどの問題は、明らかに政治の失敗です。固定価格買取制度の導入により無秩序な投資が誘発され、山林の伐採、さらには利権を悪用する政治家の登場という悪循環が生まれてしまいました。

　太陽光政策は、あくまで宅地への設置をメインに考え、自家消費および効率的な電力ネットワーク構築による地域での消費を促していくべきだと考えます。

　寿命を迎えた廃パネルや蓄電池の処理問題を懸念する声もあります。ただ、どんな発電方法を採用するにせよ、一定の環境負荷は必ず発生します。資源エネルギー庁の調査によると、現在、太陽光発電は液化天然ガス（ＬＮＧ）を用いた火力発電よりも発電コストが高いものの、２０３０年には逆転すると試算されています。

総合的にみると、太陽光発電は比較的クリーンな手段として、選ぶべき価値が高く、今後の技術開発次第で、より環境負荷の低い形でパネルの製造やリサイクルができると考えています。現に国内メーカーが開発する「薄い・軽い・柔軟」「低コストで量産可能な」ペロブスカイト太陽電池が実用化寸前のところまで来ています。

二番目のテクノロジーの活用に関しては、**ディマンド・レスポンス**（消費者が、電力の供給量に合わせて使用量を制御すること）の仕組みの拡充・導入の支援が必須であると考えます。これは電力消費が増大する時間帯に使用量を抑制したり、蓄電池から供給を補ったり等、いろいろな方法があります。適切な供給調節で、全体の電力使用量は抑制できるはずです。また、電力インフラは安定性が求められることから、強固なシステムを構築する必要があり、最新のテクノロジーの普及余地が大きい領域です。より多くのエンジニアがこの産業に入ってくることが望ましいと考えています。

三番目のクリーンテックは、先のペロブスカイト太陽電池や、安全性が高くコストも安いことで世界から期待を集める全樹脂電池など、国内の有力な技術開発への支援です。炉心溶融が原理的に起こらない高温ガス炉などの新型炉や、核分裂のような連鎖反応が原理的に起こらず原子炉の暴走リスクが低いとされる核融合発電の可能性にも注目しています。なかでも後者は、２０５０年の実用化を目指して世界最大級の実験装置が国内ですでに稼働しており、成功したときのインパクトは計り知れません。

四番目の原発に関しては、系統区域内での原発再稼働に向けた取り組みを支えるべきだと考えています。3・11以降につくられた新規制基準は、従前に比べてかなり強化され、運転の可否を判断する基準としては十分なものだと私は評価しています。

日本は石油・石炭・天然ガスといった資源に乏しく、エネルギー自給率はわずか13・3％です。海外への依存度が著しく高いという課題があり、再生可能エネルギーの導入と合わせて、少しでも輸入比率を下げることには価値があると考えます。

福島第一原発の甚大な事故という悲しい現実を振り返ると、原発に対して複雑な国民感情があることは十分に理解できます。しかし、このまま原発が稼働しないのは、将来的な電力需給の逼迫を招くのみならず、**「技術継承」の観点で得策でない**と、私は考えています。

どんなテクノロジーにも、人間が扱い、運用していくなかで一定のリスクはあります。日本が大きな痛みをともないながらも守った技術を現場の技術者たちが引き継いでいくことは、国内の原子力発電施設の長期的な安全性を確保するためにも不可欠ではないでしょうか。無論これは、地元住民の意向と国民の総意を踏まえつつ、都からの働きかけを検討していくべき事案だと考えています。

第3章

世界一の子育て・教育環境を

Talking about
Our 1% Revolution

出生率「0・99」という課題に向き合う

子育て・教育は「誰も取り残してはいけない」領域の最たるものです。選挙期間中も多くの人から関心を寄せられ、活発な議論が起きた分野で、それだけ行政側のリーダーシップが期待されていることを改めて実感しました。

まず、すべてに先立って行政がやるべきことは、**「子どもを産む、育てる」への不安を解消すること**でしょう。少子高齢化が進むなかでも、東京が「ここで子育てをしたい」と思える魅力に溢れていること、出産・子育てのインフラが整備されていて安心感のあることが肝心です。

2023年、東京都の出生者数は8万6348人。前年から4749人も減少し、合計特殊出生率は「0・99」となりました。「1」を下回ったのは、1947年の統計開始以降初めてのことで、若い世代が子どもを産み、育てることに躊躇していることが数字からもうかがいしれます。

まずは「出産」についての課題から整理していきましょう。

実は、「夫婦の理想子ども数」と「完結出生児数」（夫婦の最終的な平均出生子ども数）のあいだには大きな差があり（図8参照）、なにもみんな「子どもはいらない」と思って出生数が下がっているわけではありません。

この課題に対しては**「1人目の子どもをもつ」と「2人以上の子どもをもつ」**という2つのレイヤーに分けて考えたいと思います。

「1人目の子どもをもつ」ハードルを下げる

まず1人目の子どもをもたない理由として圧倒的に多いのは、**「ほしいけれどもできない」**（62％）です（図9参照）。1人目の子どもをもつことには不妊の問題が大きな壁となって立ちはだかっており、不妊治療をいかに受けやすくするかが鍵となります。

私が打ち出したマニフェストに対するGitHub《ギットハブ》上でのオープンな議論でも、**不妊治療へのアクセスの悪さ**が話題になっていました。不妊治療は月に何度も病院に通ったり通院の予定が直前に決まったりする場合も多く、急な休みが頻発する可能性があるため、職場の理解を要します。また提出書類が多いことも、治療の開始・継続を妨げる隠れた要因です。治療ごとにパートナー双方が署名及び捺印した合意書が必要だったり、治療開始するにあたり戸籍謄本などの証明書が必要だったりと、夫婦どちらかが書けば良いだけといった箇

図８　夫婦の理想子ども数などの推移（全国）

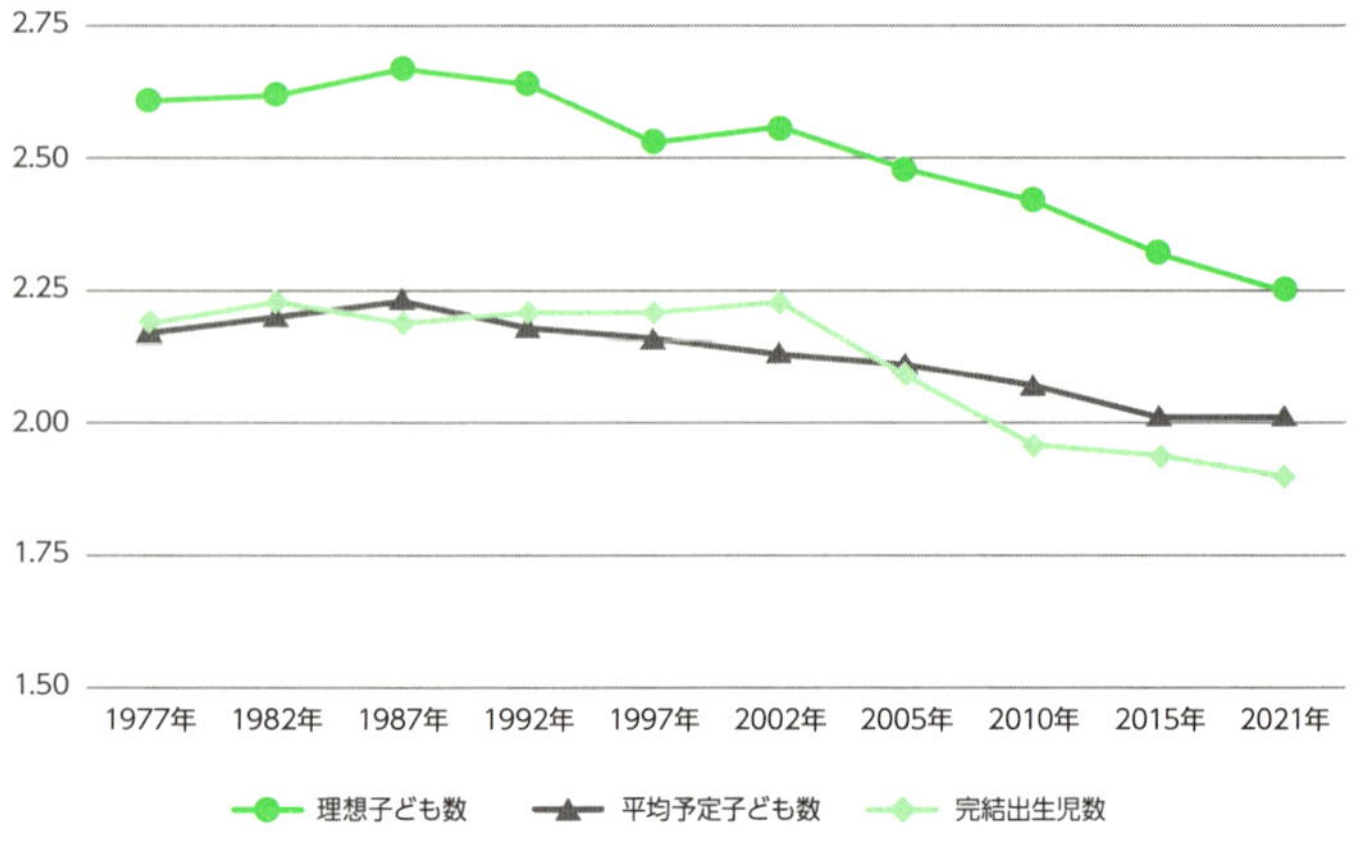

出典：国立社会保障・人口問題研究所「第16回出生動向基本調査」

図９　ほしい人数の子どもをもたない理由上位３位

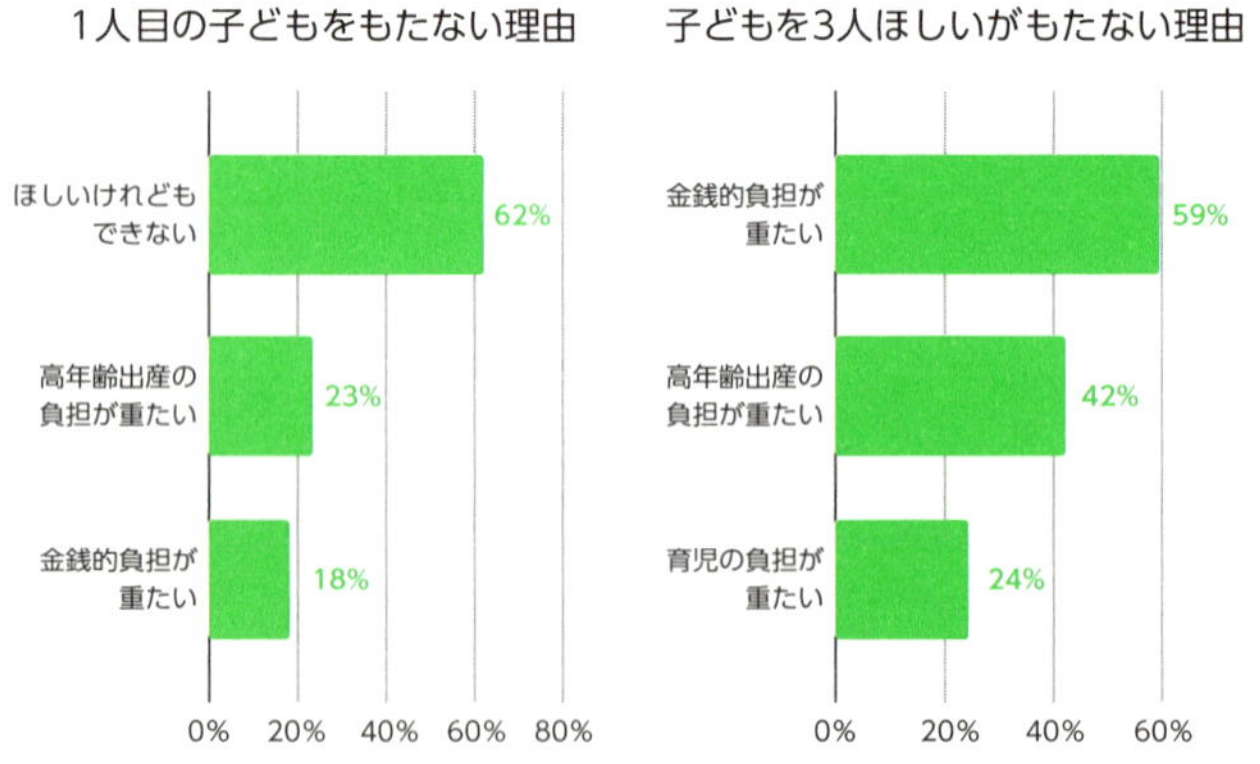

出典：国立社会保障・人口問題研究所「第16回出生動向基本調査」

単な書類ではない提出書類が多いのです。

アクセスのハードルを下げるために、今はクラウドサインのように、オンラインで契約書を交わす仕組みがあるので、**各種提出書類（治療に必要な戸籍謄本、同意書）のオンライン化や統一フォーマットの促進、夜間診療の拡充を図る**ことが有効です。

心理的な引け目を感じることなく不妊治療に向けた休暇を取りやすい制度や柔軟な働き方を推進しつつ、自費で実施することになる体外受精のような「先進医療」にかかる助成額の上限は撤廃すべきだと私は考えます。

「経済的負担」「時間的負担」「心理的負担」の3つが軽減できるよう、行政が徹底サポートするのです。フリーランスなどの自営業者や起業家の方向けの産休・育休制度や、各種給付金を整える必要もあるでしょう。

「2人以上の子どもをもつ」ハードルを下げる

次の、「2人以上の子どもをもつ」ことへのハードルはどう解消することができるでしょうか。

図9にある通り、「子どもを3人ほしいがもたない」理由の筆頭は、「金銭的な負担が重

図10　道府県別にみた全国平均と出生率の差の要因分析

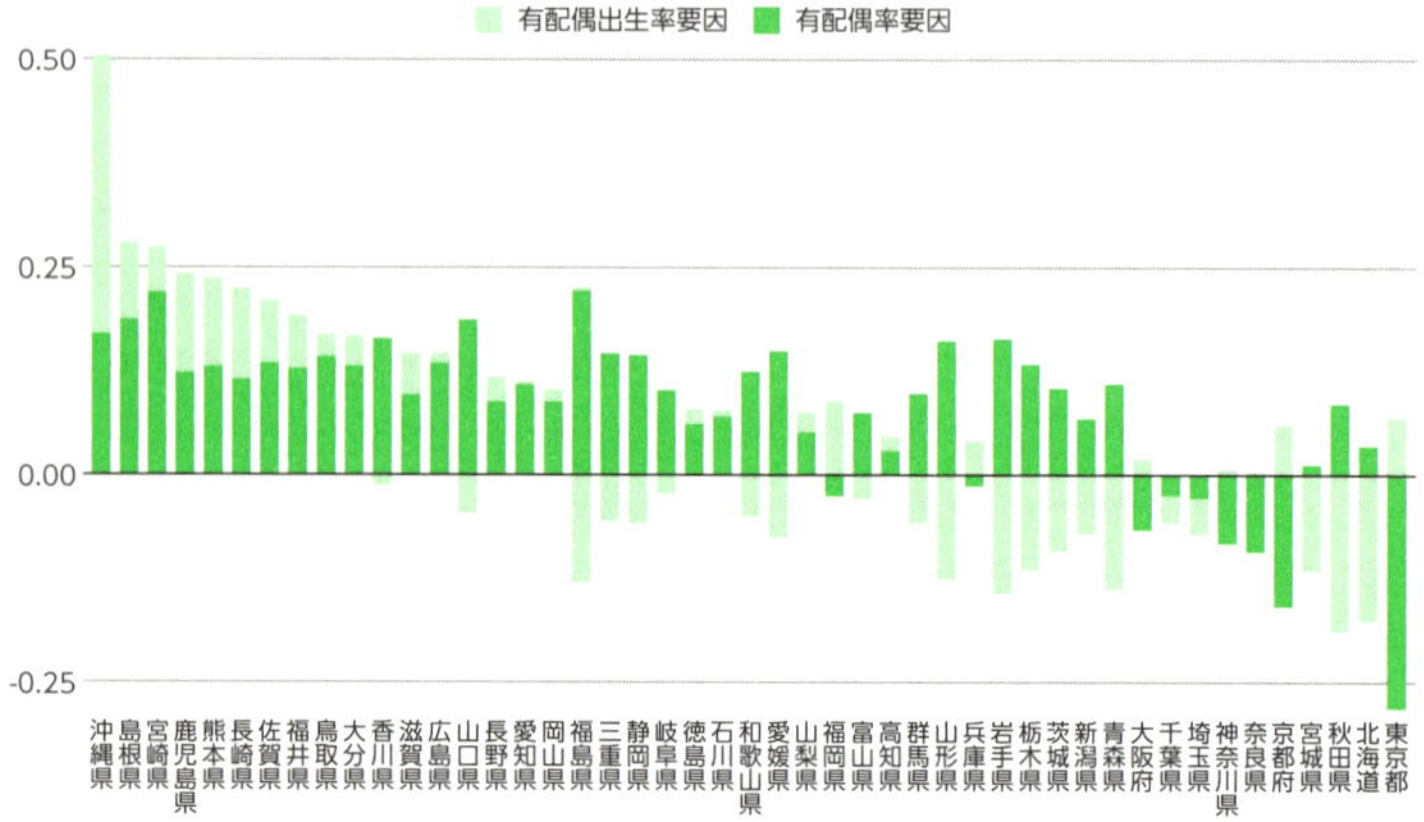

出典：内閣府「令和5年度年次経済財政報告」

たい」（59％）ことです。東京（23区）では全国平均比で約2・3倍の教育費がかかるというデータもあり、経済的な不安を親が強く感じてしまうのも当然です。

東京都は、有配偶率要因（結婚の減少）による出生率の押し下げ効果が、他の道府県より突出して高いという特徴があります（図10参照）。結婚する人が少なくなる要因として「非正規雇用割合」「家賃」「教育費」が統計的に明らかですが、それが少子化にそのままつながってしまっているのです。

したがって、まず子育て世帯への経済支援を手厚くすることは少子化対策として欠かせません。

子育て・教育の費用負担軽減については、小池都政のもとで、0歳から18歳までの子どもに1人当たり月額5000円を支給する「018サポート」や、第二子以降の保育料無償化など、さまざまな施策が進められてきました。第一子の保育料無償化、私立も含む高校の授業料の実質無償化も近いうちに実現する見込みです。

これらを継続しつつ、プラスαの施策として、塾代や課外活動など民間教育費負担に対する利用券の発行（詳細は後述）、また私立も含めた高校受験料の支援なども盛り込んでいくのがよいでしょう。

ただ、現状それなりの支援がなされつつも、なかなか完結出生児数の増加に結びつかないのは、子育てのコストが多少下がっても、その分が第一子への教育費などに回されて第二子出産への後押しにあまり結びついていない可能性も考えられます。完結出生児数にダイレクトに影響を与えるのは、次の要素だと言われています。

・結婚時の年齢（第二子出産可能時期の年齢が高いほど生まれにくい）
・家の広さ（狭いほど生まれにくい）
・通勤にかかる時間（遠いほど家事育児量が下がる＋時間がなくなり出生意欲が減る）

一つ目については、育児休暇制度の充実や経済支援策等で、初婚の年齢を下げて第二子以降の出産可能期間を長くとることにポジティブな社会的空気の醸成を促すこと、先に触れた不妊治療等で第二子以降の妊娠確率を年齢が上がっても維持することへの支援を継続していくことが肝心です。

二つ目と三つ目の問題は重なりますが、都内で暮らす子育て世帯にとって、何よりも家計を圧迫しているのが住宅費です。とくに23区内では、住宅価格や家賃が高騰傾向にあり、悲鳴が聞こえてきます。仮に子どもを2人以上もつとなれば3LDK、4LDK以上の間取りを求めたくなるものですが、一般家庭にとってそれだけの広さの住宅を都内で手に入れるのは共働きの世帯であっても、かなりハードルが高いでしょう。

暮らしのスペースにゆとりがないため、結果的に、子どもは1人までにしようと考えたり、都内暮らしは諦めて、郊外への引っ越しを考えたりすることになります。郊外にいけば住宅のスペースは広がり家賃は下がりますが、通勤にかかる時間が増えるため、結果的に第二子、第三子へのハードルを上げてしまいます。

ニューヨークでは、低所得者層~中間層が無理なく支払える価格の「アフォーダブル住宅」の供給促進を目的に税制の優遇措置が実施されていますが、都政においても同様のアプローチはあって然るべきでしょう。

現行の、40歳代までの夫婦世帯の方に対して、市部の一部空き家を対象に、入居から3年間、毎月の家賃を20％割引きするＪＫＫ東京（東京都住宅供給公社）の「ペアさぽ」のような制度をもっと拡充していくべきで、今後の検討課題です。

少子化対策は経済政策とも密接に結びついています。助成や無償化の取り組みと並行して現役世代の所得向上を図ることも重要になってきます。

保育をめぐる議論は「量」から「質」へ

次は「保育」の問題について見ていきましょう。

就学前の子どもを預かる保育所と、放課後の小学生を預かる学童保育。都におけるそれらの現状を見ると、いずれも「量」の面ではゆっくりと改善が進んできました。

待機児童ゼロ宣言の区市町村も増えてきましたが、希望の認可保育園に入れなかった都内の隠れ待機児童がいまだ多数いるという報告もあります。江戸川区のように、認可保育園の倍率が7倍を超え、最寄りの駅の保育園に入れられず困っている世帯が多いエリアもあるので、改善の余地は大いにあるといえるでしょう。都内の学童待機児童に関しては、現在３５００人ほどです。

「量」の面は、エリアごとのニーズと、出生数の低下で今後子どもが減ってゆく動向とのバランスを見極めて対応しつつ、今後いかに「質」を高めるかの議論を深めていく必要があります。

子どもたちに対して質の高いサービスを提供するには、保育業務の効率化が一つの有効な手段です。保育士等へのアンケートでは、「事務・雑務の軽減」を希望する声が数多く出ていますが、**DX化の促進**は現場の大きな助けとなるでしょう。保育のDXはすでに一定の広がりが見られますが、これをますます後押しすることが重要です。

都知事選に出馬するにあたり、都内の保育園に視察に行きましたが、そこではICT導入前は年配の方を中心に抵抗感をもっていた保育士の方がいたことや、移行の初期段階がいちばん苦労したという声を聞きました。実際に導入した結果は、初期段階では反対していたベテランも、導入してみたら「システムなしの時代を想像できない」と態度が変容し、効率化を実感する声が寄せられています。

ここから言えるのは、**DXは初期段階での〝後押し〟が大切**だということ。都は導入コストの助成のみならず、IT補助員のような人材を最初に派遣してアシストするのが有効と考えられます。

例えば、すでに950の施設に導入されているチャイルド・ケア・システムは、保育士のシフト作成、情報共有、登園降園管理、保育日誌、ヒヤリハット報告などが簡易に行えるICT（情報通信技術）で、年間約2600時間の業務効率化につながっているといわれています。

また、保育現場におけるAIの活用を推進する大阪キリスト教短期大学は、テクノロジー企業と提携し、AIカメラを園内に導入する実証実験を行っています。園内外の映像をリアルタイムに取得してトラブルを検出したり、AIカメラのセンサーによる「午睡見守りシステム」で、子どもたちのうつ伏せ時にアラートを出したり、午睡チェックを自動記録するなど、安全確認にかかる現場の負荷を減らすことに成功しています。AI技術を活用した保育支援ツールは、今後ますます発展していくでしょう。

そして、保育を語るうえで避けては通れないのが保育士の処遇改善の問題です。エッセンシャルワーカーとして社会的に重要な役割を担いながら、平均年収が約400万円（東京都では約450万円）にとどまる現状は改善されなければなりませんが、一筋縄ではいかない事情もあります。

経営サイドから見ると、保育士への給料を増やすには収入を伸ばす必要があるわけですが、認可保育園の場合、収益の大半を占める国からの委託費は公定価格の基準にのっとって地域ごとに決定されますし、支出の割合にも制限があり、児童に対する保育士比率も厳密に決められています。DXは運営コストを下げる一助となるでしょうが、根本的な解決策とまでは言い難いのが実情です。

すでに都が行っている取り組みとして「保育従事職員宿舎借り上げ支援事業」があります。事業者が保育士等のために宿舎の借り上げを行う場合に、その費用の大部分を補助する制度です。給料そのものは上げにくいが、**家賃を事業者側が負担することで保育士の可処分所得を増やすことができる**ので、これを拡充することや住宅手当の支給は保育士の処遇改善につながるよい施策でしょう。

例えば千葉県松戸市では、これに類する家賃補助施策に加えて、奨学金の返済の一部を支援したり、施設からの給料とは別に、保育園の正規職員に対して市が独自で給与を上乗せしたりしています。後者は、1年目から11年目：毎月4万5000円、12年目以降は4万9800円～7万8000円と勤続年数に応じて支給額がアップする制度で、こうした事例も大いに参考にするべきだと思います。「東京都保育士等キャリアアップ補助金」などすでにある施策も、これら先行事例を参考にさらなる拡大が望まれます。なお、これら施策の手続きや事務処理が煩雑であっては本末転倒なので、事務作業を軽減する行政インフラのDXも同時に行う必要があることも書き添えておきます。

また、**副業の促進**というアプローチもあります。メインの勤め先とは別で、スポット的に単価が高いベビーシッターや病児保育の仕事をするなどの可能性があり、一部の保育士はすでにそうした副業に挑戦しています。公務員保育士の場合、副業規定に引っかかったり、過労の原因ともなりかねないため慎重な検討を要しますが、所属先のはっきりした現役保育士にならば、高い単価を払ってもベビーシッターを頼みたいというニーズは確実にあるのではないでしょうか。

近年、こども家庭庁が週4日勤務でも常勤と認める通知を出した流れを受けて、保育士の選択的週休3日制が議論されています。このような制度を併用することで、過剰な勤務を抑制しつつ、保育士の処遇を改善する手段が模索できると考えます。保育士のもつスキルがより多く社会に還元されたり、保育士の方自身の自己実現が図られたりすることにつながる可能性もあります。

保育士の子育ての知見や親子での遊び方を、地域の親御さんたちにワークショップで伝えていくような学びの場があったら素敵だと思います。講師をつとめる保育士たちにはきちんと謝礼が出る仕組みで、児童館や公的な施設を利用して、そうした試みを都が主導することも考えられます。

放課後施設をSTEAM活動の場に

学童保育についても見ていきましょう。

いまの学童クラブは、学校が終わってから親が帰ってくるまでの数時間、友だちやスタッフと遊びながら過ごす場所です。需要の高まりとともに数は増えたものの、中身はほとんどアップデートされていません。しかしそこには、教育的な面で活用できる大きなポテンシャルがあります。

というのも、そこは学校教育という枠組みの外にあるからです。

学校教育の中身に関して都がリードして変化を加えることは制度上のハードルが高く、公立小学校に関しては基本的に区市町村立の管轄下ですし、そもそも戦前の反省から政治は教育に直接介入しないことになっています。何か新しい試みを促すにせよ、教員が多忙すぎて対応しづらいという問題もあります。

しかし、放課後の学童クラブや児童館なら、教員の直接的な関与を伴わず、そこで行われる教育の中身を自治体が主導していける余地が大きいといえます。

各地の学童クラブや児童館など、**子どもの放課後施設でSTEAM活動に触れられる学**

びの場をつくる、というのが私のアイデアです。

ＳＴＥＡＭとは、科学（Science）、技術（Technology）、工学（Engineering）、芸術・リベラルアーツ（Arts）、数学（Mathematics）の5つの分野のこと。ハード（3Dプリンター、PC、タブレット等）とソフト（コンテンツ、スタッフ）の両面を整備し、児童生徒がテクノロジーに接する機会をつくるのです。

放課後の3〜4時間というまとまった時間に、希望者に先端の学びに触れられる機会をつくることは非常に大きな意味があります。画一的な教育プログラムしかない環境では、どうしてもそれにフィットしない子どもが出てきてしまいます。取りこぼされる子どもたち（とその保護者たち）をできる限り減らすには、**一人ひとりの個性に応じた多様な学びの選択肢をつくる**ことが重要だと考えます。

例えば発達障害の特性があったり対人コミュニケーションに困難さをともなっても、プログラマーとして優秀な人が多いことは業界内ではよく知られています。多種多様な職業や働き方の可能性に目を向けるよい機会にもなるでしょう。

学校教育の外側で、とくに「Ｅ（Engineering）」の領域で、技術を使って「モノをつくる」「発想を形にする」面白さを学ぶ機会があると、将来の仕事の可能性を大きく広げてくれるものとなります。

図11　STEAM教育の構想

Science　科学
Technology　テクノロジー
Engineering　工学
Arts　アート
Mathematics　数学

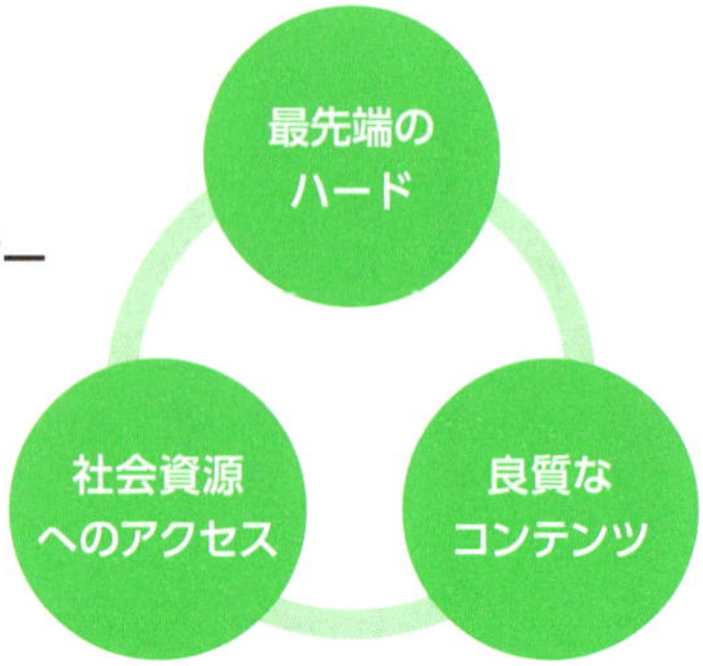

海外では、国・自治体とハイテク企業・財団が開設した、最先端の科学が学べる幼稚園・放課後学習支援施設が存在する。STEAM活動に触れられるハードを設置し、企業連携から良質なコンテンツを集めていく

なぜなら、課題を発見し、その解決策を実装していくうえで、**現代社会ではおよそあらゆるプロダクトやサービスや社会課題の解決においても、「技術」とは切っても切り離せない**からです。ほとんどの産業において、イノベーションといったときに、エンジニアリング力なくしてブレイクスルーとなるものを実装することはできません。商品やサービスを企画するにさいしても、エンジニアリングの素養がある程度あったほうが助けになるでしょう。

例えばイギリスには、STEM Learning Centreという政府助成の普及団体があり、小中高それぞれに対して教員に対する支援、教材・カリキュラム提供などを行い、学校向けのみならず、放課後教育や家庭教育も

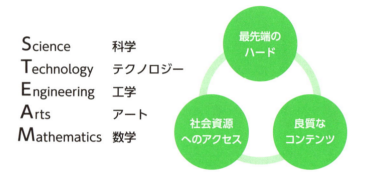

支援（STEM Clubなど）しています。

国内でも、近年オープンした石川県金沢市の「ミミミラボ」では、プログラミングのできるロボット、３Ｄプリンター、レーザー加工機、グラフィックや映像、楽曲の制作ができるソフトなどが自由に使える10代の子どもたちのための環境を用意しており、素晴らしい取り組みだと思います。

都内には、日本科学未来館（江東区）や科学技術館（千代田区）のような展示が主体の大規模施設はあります。子どもたちが各種先端技術に触れられてワークショップを受けられるＴＥＰＩＡ先端技術館（港区）や、各種科学プログラムを体験できるＩＭＡＧＩＮＵＳ（杉並区）のような公的施設は貴重です。

ＳＴＥＡＭコンテンツは、内閣府、文科省、経産省など政府一丸となって学校への導入を推進しているものの、学校現場で十分に浸透しているとはいえず、私立や放課後教室等で教育を受けている子どもとの格差が大きくなりやすい分野です。小規模なものでいいので、子どもたちの生活圏内に、ハード（３Ｄプリンターなど）とソフト（コンテンツ、スタッフ）の両面からＳＴＥＡＭ活動に触れられる「新世代」児童館や学童クラブが増えていくことは、社会にとって計り知れない財産になるでしょう。

「未踏ジュニア」事業という好事例

校外学習の優れた事例の一つとして、経済産業省所管の情報処理推進機構が実施する「未踏ジュニア」というIT人材発掘・育成事業を紹介したいと思います。

未踏ジュニアとは、独創的アイディアと卓越した技術をもつ小中高生クリエーター支援プログラム。かつて私自身、「未踏事業」というIT人材発掘・育成事業のお世話になったことがありますが、未踏ジュニアはその子ども向け事業です（17歳以下が対象）。

まずは、子どもたちから提案書を募ります。どんなことに課題を感じているのか？　それに対して、どういうソフトウェアやハードウェアを開発することで解決したいと考えているのか？　自分の思いとプランを提出してもらいます。

それが採択されると、社会で活躍する大人のエンジニアや実業家などがメンターとして割り当てられます。子どもたちは週に1度、メンターとのオンライン面談を行い、アドバイスをもらいながら開発を進めていきます。また50万円を上限とした開発資金の援助や、必要に応じて開発場所や工作機材などの提供を受けることもできる仕組みです。とくに顕著な成果を残したクリエーターは「未踏ジュニアスーパークリエータ」として認定され、慶應義塾大学SFCや東京都立大学、近畿大学に推薦枠で出願できます。

私自身も、メンターの一人として、この事業に関わっていますが、2023年度に担当したのは14歳の男子中学生で、彼はChatGPTを使って国会の議事録を解析するプロジェクトに挑戦していました。2024年度は、宮崎県に住む女子中学生のプロジェクトをサポートしています。

未踏ジュニアに関わるなかで感じるのは、**子どもたちがもつ課題解決への意欲をうまく引き出し、サポートすることで、大人も驚くようなプロダクトが誕生しうる**ということです。とくに印象に残っているのは、小学5年生の上田蒼大《そうた》さんが開発したアプリケーションです。

上田さんは、ある特定の状況下で言葉を一切発せなくなる場面緘黙《かんもく》症に悩まされている当事者です。どうにかして他者とコミュニケーションを取りたい――そこで思い立ったのが、場面緘黙症の人でも意思が伝えられるアプリの開発。彼は、飲食店での注文など日常生活のシーンに応じた会話文を作成して読み上げ、ジェスチャーより正確な意思伝達を可能にするアプリをAIを活用してつくり上げたのです。

個人的なニーズが端緒となって開発されたものが、思わぬ形で発展して、世界を変えるようなイノベーションにつながることもあります。無限の可能性を秘めた子どもたちがその柔軟な発想を一つのプロダクトに結実させ、エンジニアリングの第一歩を踏み出す瞬間に立ち会えたことは、私にとっても大きな刺激となりました。

未踏ジュニアの取り組みは、教育分野における行政と民間の協業という点でも示唆に富んでいます。

事業自体は独立行政法人が行っていますが、その運営は民間企業や大学といったスポンサーからの支援によって成り立っています。また、産業界の一線で活躍している人材をメンターという形で、無償で教育活動に引き込めているのも興味深いポイントです。学校という枠組みの外側で、社会資源を活用しながら、未来につながる教育を実践している好事例といえるでしょう。

多様な校外学習プログラムとのマッチング

校外に質の高い学びの機会をつくっていくと同時に、そのプログラムへのアクセスを容易にする必要があると考えています。

校外学習のプログラム自体は、民間や公的団体などから多種多様なものが提供されています。「地域のお祭りの運営」から、博物館の体験ツアー、プログラミングの基礎講座までさまざまですが、情報発信の仕方もバラバラで地域ごとのバラつきも多く、子どもや保護者が自分に合ったものを探し出すのが意外に難しいのです。

行政が**都内の校外学習プログラムを網羅したポータルサイトを設置し、サイト内において子どもの興味に応じたマッチングサービスを提供する**と格段に利便性が高まります。有料・無料を問わず、いつどんなプログラムがどこで行われているか横断的に検索できるサイトがあると便利です。

マッチングサービスは、登録時に子どもが何に興味があるかだけでなく、認知特性もインプットできるようにデザインするとよいでしょう。一つのことに集中するのが得意な子どももいれば、次々と新しいことに挑戦するのが得意な子どももいます。プログラム内容と当人の認知特性がマッチしていないと、「参加してみたけどつまらなかった」で終わってしまいかねません。**子どもの発達の傾向や認知特性も加味したレコメンドによって、体験そのものの質を高めていく**のがポイントです。

また、校外学習に関しては「体験格差」の問題にも留意する必要があるでしょう。

経済的に困窮している家庭の子どもが学習体験の機会が少なくなることを避けるため、すべての子育て世帯への助成制度を設けることを提案します。具体的には、月額5000円程度のバウチャーを発行し、学習塾やスポーツ教室等も含めて校外学習の学びにかかった費用の一部をまかなってもらうのです。

すでに大阪市の「大阪市習い事・塾代助成事業」など同様の政策が実施されていますが、一定の条件をクリアした事業者が提供するプログラムでのみ、バウチャーを使用できる仕組みです。利用者側からすれば、市のチェックを経た事業者なので安心感を得られるメリットもあります。大阪の事例は小学校5年生からを対象としていますが、東京ではより早期教育へのニーズもありそうです。

今、主に中学校を対象に部活動の地域移行が段階的に進んでいますが、教員の働き方改革の一環であると同時に、これは**「放課後充実改革」**とも言えます。学校の部活に入ることがデフォルトだった時代から、「放課後の時間に何をするか」を主体的に選択できるようになりつつあるなかで、ポイントを押さえた行政支援が不可欠なのです。

広島に学べ――不登校問題への取り組み

さて、現在の教育制度の中で取り残されやすい存在となっているのが、不登校の子どもたちです。

小・中学校における不登校児童生徒数（2022年度）は全国で約30万人。前年度比で

2割以上増加し、過去最多となりました。東京都も例外ではなく、不登校の子どもは約2万7000人と、10年連続の増加となっています。

角川ドワンゴ学園が運営する〝ネットの高校〟であるN高は、学校に通うのが不安な生徒たちの受け皿となっている側面もありますが、その生徒数は2016年の開校以来、急増しています。5年で生徒数1万5000人以上となり、2021年にはS校を開校。2校合計の生徒数はすでに3万人を超えています。この急拡大ぶりは、「学校に通わない」という選択肢に対するニーズの高まりと、「N高やS高以外の選択肢があまり見当たらない」という現状を物語っているのではないでしょうか。

2024年には、熊本県に本校がある通信制高校の勇志国際高等学校が、学校教育法一条で定められた学校として初めて、メタバース内で学ぶことで全日制高校と同様の高校卒業資格を得られる「メタバース生」コースの生徒募集を開始し、話題となりました。同校のメタバース生は、3D空間の活用で気の合う友だちと出会いやすい環境が用意されますが、こうした新しい選択肢も注目されています。

未踏ジュニアで私がメンターを担当したなかにも不登校の子どもたちが何人かいました。担当した不登校の子どもたちのなかに、一般の大人をはるかに上回るようなエンジニアリング力をもっている一方、対面のコミュニケーションは苦手で、学校に行っても友だちと会話が成り立たない悩みを話してくれた子がいました。

そうした子どもたちに対し、みんなと一緒に教室で机を並べて先生の話を聞くという、**これまで〝普通〟とされてきた教育スタイルを押しつけるのはいささか酷だと思います。**

現在、自治体の教育委員会が行っている不登校の子どもたちへの支援策は、校内の別室を利用できるようにするなどさまざまですが、各地の教育支援センターがサポートする役割を担っています。ただ、あくまで「学校復帰」を目的とすることが多いため、その支援の中身は、時代とともにアップデートされてきたとは言い難いのが現状です。

実は、数十人の生徒たちを相手に一人の教師が教える「一斉教授型授業」、同学年に同カリキュラムを学ばせる「学年制」は、19世紀に近代的な工業社会の発展とともに生まれた歴史の浅いシステムです。

現行の授業の仕方はあくまで一つの方式に過ぎないので、令和のニーズに合わせて、不登校の子どもたちも安心して身を置ける場所――一人ひとりの個性や事情に合わせた学びができる教育システムを開発すべきだと私は思っています。

そこで大きなヒントとなるのが、広島県の教育支援センター「SCHOOL《スクール》〝S《エス》〟」の先進的な取り組みです。

２０２２年春にオープンしたこの施設は、子どもたちの所属する各学校と連携しており、子どもたちは学校に行けなくてもこの場に行くことで、自分の立てたカリキュラムで学ぶことができます。特徴的なのは、教室を「先生が教える場」ではなく、「自分で選択して学ぶ」〝リビングルーム〟と捉えている点です。例えば「学習室」では、机と椅子を自由に動かして、子ども同士で向かい合ったり窓のほうに机を向けたりして、自分にとって快適に感じられる環境を自分でつくり、自分のペースで勉強してＯＫなのです。

１週間の時間割は自分でつくることができ、先生は児童生徒の興味にそって伴走するスタイルです。オンラインでの参加も可能です。ＳＣＨＯＯＬ〝Ｓ〟で学習した内容は、子どもたちが所属している小・中学校に共有され、その情報をもとに各校の校長が「出席日数」としてカウントできる仕組みとなっています。

学校に通いづらさを感じている子どもにとって、このような多様な学び方を出席日数として認められる制度は、大きな救いになるでしょう。各種体験授業も充実しているこの施設の取り組みは、子どもや保護者から高い人気を得ているといいます。

東京都においても、都立の中高一貫校で**学びの多様化学校**（いわゆる不登校特例校）をモデルとしてつくり、自由な学び場のフラッグシップにするのはどうでしょうか。学びの多様化学校とは、不登校の児童生徒に配慮した学校のことで、授業形式やクラス編成を柔軟に組むことができます。都は、旧来の支援の枠組みに囚われず、新たな学び場の開発に意欲的に取り組むべきです。

より大局的な視点からいうと、不登校という問題の根本的な解決には、学校という概念の解体と再構築が必要だと思います。

不登校は「年間欠席が30日以上」と定義されていますが、これは裏を返せば、休まず学校に通うことが学校教育の前提になっていることを意味します。しかし、そもそも**教育の本質は、学校に通っているか否かではなく、その子が学びにアクセスできているかどうかです。**

例えば学校に毎日通って教室で30人揃って授業を受けることと、オンラインで個別に授業を受けること、あるいは自分の好きな場所に行って学ぶことが制度上同列の選択肢となったとき、そこでは「不登校」という概念自体が消えます。これからの教育は、そうした多様な学び方を社会的にも認める未来に向かって再構築されていくべきではないでしょうか。

すると、学校という場が担う役割もおのずと変わってきます。栄養のある給食を食べられるセーフティネットとしての役割であったり、虐待の早期発見という役割であったり、福祉的な側面が強くなっていくかもしれません。

学校教育が一斉授業という形式で行われてきたのは、社会の近代化の過程で効率がよかったからに過ぎません。学外で多様な学びのコンテンツが供給されるようになってきている今、新たな学校のあり方を模索すべきときが来ているのです。

発達障害の子どもたちへの支援

学びの多様性という文脈で決して無視できないのが、近年急増する発達障害の子どもたちへの支援です。これは福祉政策とも重なる領域ですが、この問題で悩まれている教育関係者や親御さんは多く、ここで触れておきたいと思います。

小中学校で通級指導教室（通常の授業に困難を感じる子どもたちに対し、特性などに配慮した指導を受けることができる制度）に通う児童生徒数は全国で約20万人（2022年度）、そのうち**東京都の生徒数は4万1064人**です（文部科学省「令和4年度通級による指導 実施状況調査結果」）。通級指導を受けている児童の21・7%が注意欠陥多動性障害（ADHD）、自閉症が21・2%、学習障害（LD）が18・7%、そして言語障害が24・5%です（図12参照）。

通級を希望しているものの、人員不足で待機扱いになっている生徒もいるので、実数は

図 12　通級による指導を受けている児童生徒数の推移

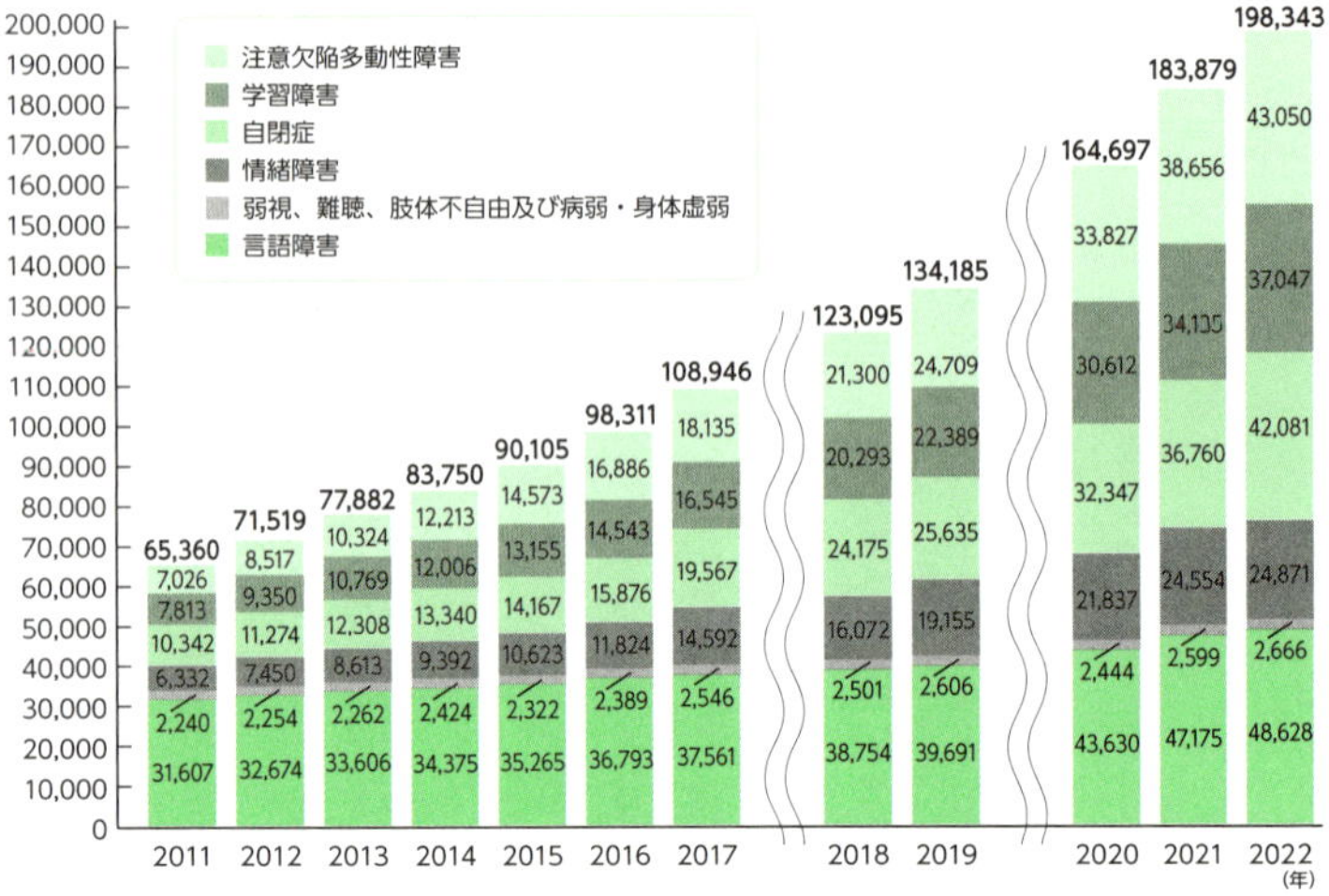

※2018 年（平成 30 年）度から国立・私立学校を含めて調査。2020〜2022 年は 3 月 31 日を基準に通年で通級による指導を実施した児童生徒数。その他の年度の児童生徒数は年度 5月1日現在。

出典：文部科学省「令和５年度 特別支援教育体制整備状況調査結果」

もっと多いと考えられます。

具体的な支援策としては、第一に、**現場でケアを担う福祉事業者や教員の待遇改善と業務の負担軽減をはかる**ことが急務です。具体的には、可処分所得を増やすための住宅補助のいっそうの拡充や、厚労省が定める処遇改善加算に都から助成金を追加するなどが考えられます。

また、福祉の現場では、健康状態の管理・記録や保護者への報告、自治体への療育費の支給請求など、事務的業務の負担がかなり大きな割合を占めます。中小規模の事業者が多く、業務改善が進みにくい状況もあるので、関係者の負担軽減に資するDXの支援を積極的に推し進めるべきでしょう。

ケアワーカーへの支援はゆとりを生み、当事者のケアの質の向上に結びつくことが期待できます。

第二に、**関係機関の連携強化の支援**です。

特別な配慮が必要な子どもが通う施設には「児童発達支援」や「放課後等デイサービス」などがありますが、そこでの活動内容や成長の記録などが、地域の学校と情報共有されていないケースが多くあります。小学校までは情報連携が取れていても中学校に進学するタイミングで途切れてしまうことも珍しくありません。

福祉の現場と医療機関の連携が取れていないことに起因する問題も各所から指摘されています。家庭、学校、医療、福祉の各機関でスムーズな情報共有が行われるようになれば、子どもの認知特性や、障害者の困りごとに合わせた包括的な支援がより実施しやすくなります。行政が主導して、情報共有のためのフォーマットを統一し、各現場のDX化と合わせて、各機関の連携を推進するのです。

学校現場での支援者を増やすため、「特別支援教育支援員」の採用に対する補助も合わせて行う必要もあるでしょう。

第三は、**福祉におけるテクノロジーの活用**です。

障害者手帳のデジタル化は、関係機関の連携を高めるうえで、プラスに働くと考えています。例えばマイナンバー機能に、障害の種類や必要とされる配慮についての情報も集約されれば、病院に行ったとき、福祉施設に行ったとき、あるいは公共の施設に行ったときなどに、各機関の対応者が状況を迅速に把握して支援することができます。

もちろん個人情報保護の観点で「誰がどこまで見られるようにするか」の議論は尽くされるべきですが、いわば母子手帳の延長のような形で、子どもの育ちを見守り続けられるような記録の仕組みを整えるのは一つのアイディアでしょう。

また、近年開発されたデジタルツールのいくつかは、当事者の「困りごと」の軽減に大いに役立ちます。

例えば、学習障害の子どもの場合、一般的な「白地の上に黒文字」の文章は読みづらいものの、「黒地の上に白文字」は一気に読みやすく感じることがあります。そうした反転機能をもった電子教科書はすでに販売されています。

また、発達障害者向けのＡＩサポートツールに「goblin.tools」というものもあります。これは、ＡＤＨＤ特性のある人々が苦手だと感じるタスクを手助けするために設計されたツールで、やりたいことを細かいタスクに分割して示してくれたり、自分が伝えたいことを適切な表現に変換してくれたりと「かゆいところに手が届く」便利な機能が備わっています。アメリカで開発されたものですが、日本語でも利用可能です。

当事者の日々のストレスを軽減するのにこうしたツールを活用しない手はありません。

「助ける人を助ける」仕組みを

先ほどご紹介したような支援ツールは、現場のケアワーカーの方々や、通級を担当する学校の先生方にもあまり知られていません。効果的な支援ツールをデータベース化し、現場の方々への周知が行き届くように行政が主導する必要があるでしょう。

また通級指導にいくほどではなくとも、発達障害傾向のグラデーションのなかで、認知特性に偏りがある子どもも多くいますが、一般にそういう子どもたちに対する適切な対処法を知る教職員は限られています。

リスキリングの重要性については前述の通りですが、もう一つ、**子どもの認知特性に応じた適切な医学的対処法がすぐにわかる、発達障害支援AIの開発を都が支援してはどうか**と考えています。

ADHD、自閉スペクトラム症、学習障害などの傾向に応じて、こういう状況ではこう接したほうがいいという専門的知見は世界中で蓄積されていますが、現場の先生や親が対処に困ったときに、質問すれば即座に適切なアドバイスや声かけの仕方の提案をくれるAIアプリがあったら、どれほど気持ちが楽になるでしょうか。

これは、医療の世界ではすでに導入されている、AI画像診断支援技術EIRL（エイル）に近いイメージです。医師がレントゲン画像などを見て診断を下すにあたって、AIが最新の医学論文から引いた知見を踏まえて信頼性のあるレコメンドをしてくれるシステムですが、その発達障害版ともいえます。

その昔、一家に一冊『家庭の医学事典』がありましたが、子どもの認知特性に合わせた接し方を教えてくれる〝子どもの発達AI事典〟があれば、親はもちろん、当の子どもにとって一番楽な環境が生まれることが期待できます。

オードリー・タン氏は、**「助ける人を助ける（Helping Helpers）仕組みが大切だ」**と語りましたが、すべての人を包摂する社会をつくるうえで、「助ける人」を支えることが、「助けを必要とする人」を手厚く支えることに直結します。

AIアプリだけでなく、教育や福祉の関係者のリスキリングを支援して、できるだけ柔軟な形で学びに取り組める環境を行政が整えていくことは、子どもの発達を大きく助けるものとなるでしょう。

また、テクノロジーを使ったロールモデルとのマッチングも有益な施策です。個々の発達傾向や障害のありようはさまざまですが、自分と同じ悩みを抱えつつも、自分らしく生きられている先行者や仲間とのつながりがあれば、そこから得られる助けや安心感は大きなものがあります。

「授業を聞く」のが苦手だった私

私の教育戦略のなかで学びの多様性の大切さを強調してきたのも、脳の認知特性の偏りは、個々においてさまざまなグラデーションがあるからです。

ニューロダイバーシティ（Neurodiversity）は、脳の多様性を互いに尊重し、社会のなかで活かしていこうという先進的な考え方で、発達障害を脳の特性の違いによる「個性」と捉えるのみならず、すべての人を対象とした概念です。

かくいう私も、高校時代まで、学校の授業を聞くのが苦手でした。授業中ほとんど先生の話を聞いておらず、聞いても理解できなかったので、物理のテストなんてひどいときは3点というときもありました。

今となっては笑い話ですが、全く解けない物理の答案用紙に、「僕はこんな脆弱な理論の下で計算して、真理をつきとめたような顔をすることができません。解答したとしても、何ら意味をもたないと思うのです。でも得点には価値があります。是非、マルにして下さい」なんて屁理屈を書きつらねていたほど。

中高通していつもテストは一夜漬けで、成績は約400人のうち下から100番目くらいをうろうろしていました。授業のスタイルで説明されてもさっぱり頭に入ってこず、**自分でテキストを読んだほうが学習しやすい脳の特性だった**のです。

学校の授業と相性の悪かった私にとって、インターネットを通じて出会った同じ趣味のプログラミング仲間には特別な絆を感じていました。Yahoo! メッセンジャーなどでしゃべったりしながら、互いにコードの書き方をオンラインコミュニティで夢中で学んでいきました。

17歳のときには、「はてなダイアリー」を書いているうちに仲良くなった熊本と三重に住む同世代2人とリモートで、Ｗｅｂサービス「ねみんぐ!」を開発しました。これは何でも画像をアップロードすると、名画風のそれっぽい名前をつけるオモシロサービスで、当時かなりバズりました。インターネット有名人たちが次々に取り上げてくれて、「すごくイイね」とみんなが言ってくれたのは、一つの成功体験になったと思います。

決して正統派の学びのルートではありませんでしたが、オリジナルなものをつくって世に受け入れられることの喜びを知ったのです。

こうした私自身の経験を踏まえても、脳の特性を理由に教育の既存のレールから外され、持っている力を社会に対して発揮できない状態になるよりも、**すべての子の特性に応じた学びのパスがあって、創造性を発揮できる可能性**が用意されたほうが、その子にとっても社会にとっても幸せなことだという強い思いがあります。

スタートアップ界隈を見渡せば、思考の特性に偏りがある個性的な面々が圧倒的なパフォーマンスを発揮していることが少なくありません。イーロン・マスクは自らアスペルガー症候群だと明かしていますし、スティーブ・ジョブズはＡＤＨＤ、マーク・ザッカーバーグは自閉スペクトラム症といわれています。私が一緒に仕事をしてきた仲間たちの何割かもそんな一面を持っています。

特異な個性の持ち主たちも、才能を開花できるような環境が整えられることで、画期的なイノベーションを生み出しうるのです。

STEAM系の都立中高一貫校を

さて、ここからは主に中学校以上の公立校の未来について考えてみたいと思います。都が主にリーダーシップをとれるのは都内に10校ある都立中高一貫校となるからです。

東京都では中学校への進学時、あるいは高校への進学時に、かなりの割合の生徒が私立を選択します。「どうしても私立に行きたい」というより「できれば公立には行きたくない（行かせたくない）」という心理が強くはたらいており、それだけ公立学校の教育の質に対する評価は芳しくありません。それはそもそも公立校が他と差別化できる、特色のある教育方針を打ち出さないことへの物足りなさもあるのでしょう。

学費の高い私立への教育ニーズの偏重は、当然、家計を圧迫する要因ともなっています。多様な学びの選択肢を増やすこと、そして質の高い教育を提供すること、いずれの面においてもニーズを満たすような公立の学校が増えることが必須ですが、ここでは主に二つのアプローチに絞って提案したいと思います。

一つは、**STEAM教育を中心に据えた都立の中高一貫校を設置**すること、もう一つは**教員の働き方改革とリスキリング**です。

まず現状、これからの産業界で必要とされている理系・技術系の人材を育成するSTEAM教育の観点が、公立の中学・高校の教育ではすっぽり抜け落ちています。

スタートアップを経営していた観点からいうと、日本では、ビジネスサイドの需要と、大学等から供給される技術系学生の数が現状まったくマッチしていません。アメリカでは、データサイエンスやソフトウェアエンジニアリングが重要な分野になるということが明らかになると、その学科の定員数が増えるのとは対照的です。

ＳＴＥＡＭの中でも「Ｅ（Engineering）」の重要性にはすでに触れましたが、「Ａ（Arts）」の要素も非常に大切です。「Ａ」は芸術やリベラルアーツと訳されることが多いですが、もともとＳＴＥＭだったところに、科学や数学に加えて、心理学、経済学、社会学、政治学といった人文社会科学もまた教育上不可欠であるとの認識が反映され、Ａが加えられたのです。

ＳＴＥＡＭ教育の本質は、文理を統合した地平にあります。Ａは、**「世界を見る新しい視点・価値観を提示する力」**ですし、**「ストーリーによって共感を生み出す力」**ともいえます。理系的なアプローチだけでは成し得ない課題解決力、テクノロジーを社会に受け入れられる形で実装するうえで欠かせない力です。

こうした観点まで含んだＳＴＥＡＭ教育の実践例として、国内では私立神山まるごと高専（徳島県）が参考になるでしょう。「モノをつくる力で、コトを起こす人」の育成を掲げる同校では、情報工学を中心としたエンジニアリングとデザイン分野を学ぶとともに、コミュニケーションやリーダーシップなどの起業家精神を身につけることを目指しています。

具体的には、単にソフトウェア開発に必要な基礎知識や、魅力あるサービス・製品をつくるためのデザインを学ぶのみならず、自ら課題発見を行い、問題解決のためにチームで取り組んだりします。アクティブラーニングの一環として課題解決型学習（ＰＢＬ）を取り入れ、実社会における課題の設定から、仮説の設定、調査・演習の準備と実践、分析、仮説の検証まで、戦略的に立案する力を目指しているのがユニークな特徴です。

また、２０２２年に東京都調布市のドルトン東京学園中等部・高等部で、「没頭の場」をコンセプトにした「ＳＴＥＡＭ棟」が誕生したのも注目に値します。クラフトラボ、ラーニングコモンズ、サイエンスラボの各フロアでは、高性能ＰＣでメタバースの構築に取り組んだり、３Ｄプリンターやガーメントプリンターで作品をアウトプットしたりすることができ、生徒間の交流の場にもなっています。型にはめずに生徒の内発的な興味から創造性が発揮できるよう、社会に開かれたクリエイティブな学びが掲げられています。

都内に、こうした「21世紀の人間力」を目指す学校を都立中高一貫校として設立できたら、将来にわたって大きな価値をもつのではないでしょうか。都立の中高一貫校を設置できる制度自体はすでにあり、新校の設置は決して不可能なことではありません。

また、多様な学びの選択肢という観点で、ぜひ都内の高校でも導入を推奨したいのが、**アメリカでは一般的な、ＡＰ（Advanced Placement）と呼ばれるプログラム**です。ＡＰ

とは、高校生が大学レベルの講義を受講し、大学に進学後はすでに受講したぶんの単位が認定される〝先取りプログラム〟で、日本でも一部の私立高校では導入済みです。

勉強ができる生徒ほど授業中に塾の宿題を解いていたりするものですが、それほどの余裕があるならば、週に1コマでも大学の講義を受けに行き、より専門性の高い世界を覗き見るほうがはるかに知的好奇心の刺激になるでしょう。都の主導のもと、都立大学での改革や、都内の高校とより多くの大学の参画を促し、プログラム導入に向けた協議を進めていくべきだと思います。

民間の力を教育に取り込む

新規に学校を開設するには数年単位の時間を要しますから、比較的早期に実現可能な施策として、教育の場と民間の力との接続を積極的に進めるべきだと考えています。

というのも、変化の激しい時代だからこそ、キャリア教育の重要性が高く、そのために実社会との接続が重要になってくるからです。教員には荷が重く、あまり得意ではないこの領域を民間と接続することは、合理的です。

例えば、いわゆる「職業体験」を、広くキャリア教育の文脈で、世の中にはどんな仕事があって、どんなことが社会で求められていて、そのためにはどんな勉強が必要なのか、生徒たちの日々のモチベーションとつなげるリアルな場とするのです。

これはすでに小中学校等で行われている取り組みですが、その中身をアップデートできる余地は大きいといえます。クラスでキッザニア東京や大きな工場見学に行くのもいいですが、興味や個性に応じて少人数でリアルな行き先を選択できる仕組みをもっと推進してもよいでしょう（すでに実施している公立校もあります）。

経済産業省「未来の教室」では、長野県坂城高校と博報堂のプロデューサーをオンラインでつないで「未来の街づくり」について考える試みを実践しています。東京都でも島しょ部や山間地域ではこうしたオンラインも視野にいれて検討すると、取り組みの幅が広がるのではないでしょうか。

また日本では、ＳＴＥＡＭ系領域においてジェンダーバイアスが強くはたらいており、理工系の分野に進学する女性の比率は低く、またＩＴエンジニアとして働く就業者のうち女性が占める比率もＯＥＣＤ加盟国のなかで下位に留まっているという大きな課題もあります（図13参照）。

誰もがＳＴＥＡＭ活動に触れられる学校教育の場をつくることに、意識的に取り組んでいく必要があります。

図13 ITエンジニアにおける女性比率

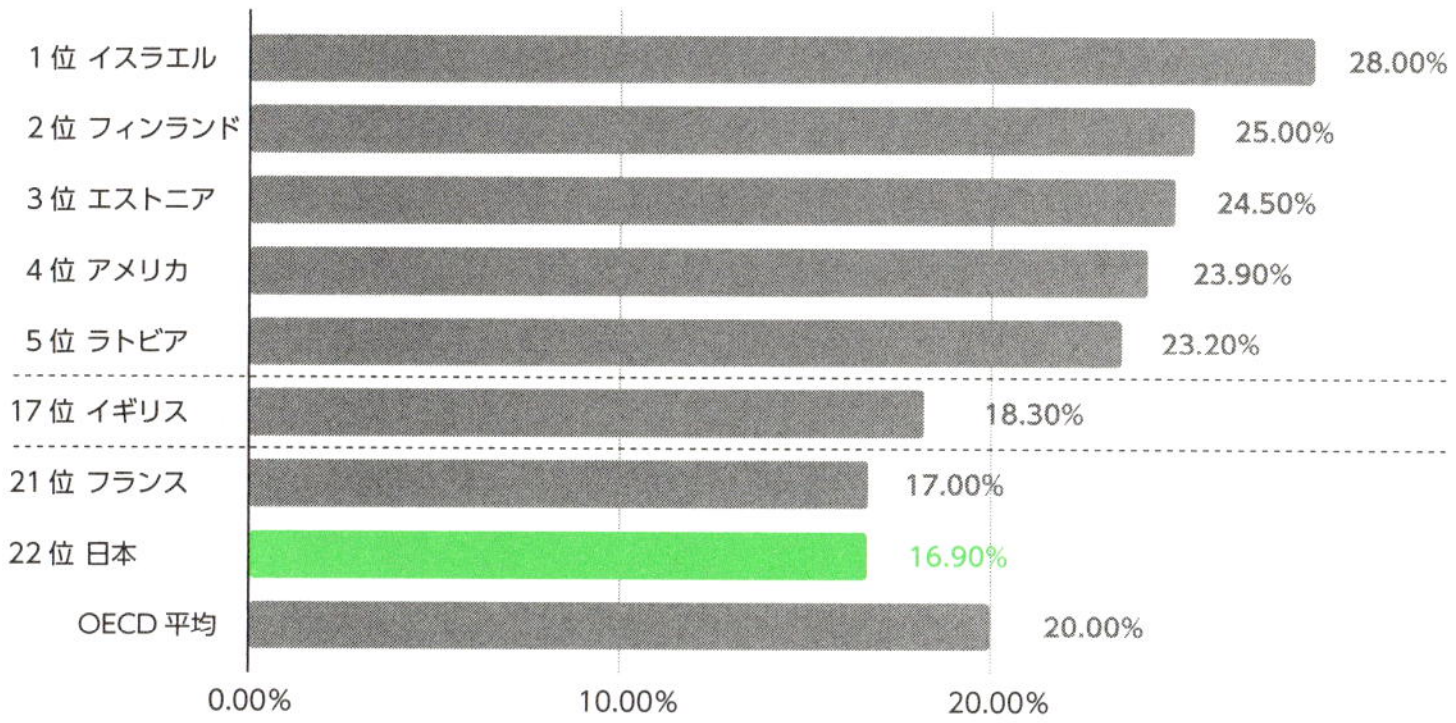

出典：「データで見る世界のITエンジニアレポートvol.12」

ドイツでは、10歳以上の女子生徒に対してSTEAM分野への関心を高めることをねらって、産官学が連携して職業体験を行う全国的なイベント「Girls' Day」が毎年開催されています。日本でも同様のイベントを実施できれば（必ずしも対象を女子生徒に限定する必要はありませんが）、先端の技術に触れる体験を通して自身の将来像が広がる子どもたちが一気に増えるでしょう。とくに東京は各分野のトップ企業が集積しているので、こうした職業体験イベントを実施するには最適の場所です。

さらに、企業の最前線で働いている社会人が「一日講師」となって、生徒に現場の面白さを伝える**「出前授業」の取り組み**も価値が高いといえます。学校の窓の外に目をやれば、

すぐ近くに、第一線でチャレンジングな仕事をしている人々が山ほどいます。例えば、

・脳外科医の一日はどんなことをしているの？
・超高層ビルはどうやって建築しているの？
・ハイパーレスキュー隊は災害現場でどう救助活動しているの？
・総合商社は世界各地でどうやって天然ガスを買い付けているの？……

大人が聞いてもワクワクするような仕事の最前線で働く人々のリアルな話は良い教材です。基礎学力をつける授業とはまったく異なる刺激を生徒たちに与える機会になるでしょう。未踏ジュニアのメンター制のように、社会で活躍している人材を積極的に教育の場に引き込んでいくことには大きな意味があるはずです。

「教員の働き方改革」とリスキリング

二つ目の「教員の働き方改革」とリスキリングについても触れておきたいと思います。
教員の過重労働が問題視されるようになって以降、東京都でも改革が進められ、改善傾

向ではあるものの、公立の小学校で月に45時間以上の残業をしている教員の割合は39%、中学校で48・6%という状況です（東京都「令和4年度の学校における働き方改革について」）。

校務の効率化による労働時間の短縮にはＤＸが有効ですが、静岡県三島市における興味深い取り組みを紹介しましょう。

２０２３年、三島市内の全公立小中学校21校に、サイボウズのクラウドサービス「kintone」が導入され、生徒の問題行動報告や校舎修繕依頼、水道検針、備品管理等々、学校と教育委員会の間で行われるやりとりをアプリ内で完結できるようにしました。

その試みの一環で、ある学校の教頭にGoProを一日装着してもらい、その映像を通して現場の業務に潜む課題を検証することも行われました。そこで見えてきたのは、大量の紙の書類の処理に追われる様子。決裁業務が多い教頭という立場ならではの部分もあるとはいえ、学校の現場ではいまだに、必要事項の記入、印鑑の捺印、封入、郵送などのアナログな作業に膨大な時間を奪われていたことが明らかになったといいます。

家庭環境調査票、保健調査票などの各種用紙はkintone上で管理し、そこにデータが直接集約されることで、三島市内の公立小中学校全体で年間約1万枚以上のペーパーレス効果があります。保護者が記入した紙の情報を教員が校務システムへ入力するような無駄な作業もなくなるため、三島市内の公立小中学校全体で約５３０時間の作業時間が削減されました（「Eジャーナルしずおか」２０２３年9月）。

この導入事例は、決してスムーズに事が運んだわけではなく、紙の書類を廃止することに強い抵抗を示す人たちもいました。しかし、紙での保管に合理的な理由があるわけではなく、国からの推奨もあって、最終的にはペーパーレスへの切り替えが現場に受け入れられたのです。

中途半端なかけ声だけでは、従来の慣習にこだわる人たちを動かすことはできなかったかもしれません。行政側からの積極的な〝後押し〟がないと、教育現場のＤＸはなかなか進まないように思います。

ちなみに、現在多くの学校で、成績や出欠の管理など生徒の個人情報を扱う「校務系ネットワーク」と、デジタル教材などのシステムにつながる「学習系ネットワーク」の２つがあり、前者はオフラインで校内からしかアクセスできず、２つが切り離されていることでさまざまな非効率が生じています。

個人情報の漏洩を防ぐ意図はもちろん理解できますが、アクセス制限や認証などの技術的対策を適切に行うことで、十分なセキュリティ環境を整えることは可能です。校務系・学習系のネットワーク統合による業務効率化も検討課題ではないでしょうか。

「働き方改革」による負担軽減と並行して、教員のリスキリング促進にも取り組む必要があります。現在、ＧＩＧＡスクール構想の実現に向けて環境整備が進められていますが、ＩＴに対するリテラシー、スキルの不足、あるいは「デジタル機器がなくても授業はできる」といったマインドによって、ＩＣＴを活用できない教員も一定数存在しています。

教員向けのＩＴの研修、海外の先端教育メソッドを学べる場づくり、他校での優れた実践例を学べる交流など、教育スキルをアップデートできる学びの機会が必要です。教員採用試験のあり方も改定して、ＩＣＴ機器を使った試験、探究学習の要素を取り入れた試験問題で、これからの教師に求められている人物像を行政が打ち出すことは意識改革にもつながるでしょう。

東京をグローバルな知の還流拠点に

前章で、強い技術系企業を東京に誘致する観点から、ハイレベルなインターナショナルスクールの必要性について触れました。

私は、**東京は世界最先端の学術都市を目指せる**と思っています。世界中から集った教育者や研究者、技術者らが知的な交流を深めつつ、これからの社会・産業界で活躍するための教養とスキルを兼ね備えた人材を東京で育て、輩出していくのです。

イギリスの大学評価機関が発表している「QSベスト学生都市ランキング（2024年度版）」によると、東京はロンドンに次いで2位に入っており、学生にとって生活しやすい街として評価を得ています。森記念財団都市戦略研究所が発表した「世界の都市総合力ランキング2023」においても、東京は「研究・開発」部門で4位にランクインしており、世界の大都市に比肩する学術都市になれるポテンシャルを秘めています（図14参照）。

世界中の研究者や技術者などの知的プロフェッショナルたちを東京に招く環境を整えることで、海外の先端テクノロジー企業を誘致できる確率も高まります。今後、グローバルな都市間競争で東京が生き残るには、技術力で世界をリードし、イノベーションの起点となるような研究機関の集積がどれだけあるかが鍵となるでしょう。研究の蓄積があってこそ、革新的なスタートアップも国内から生まれてきます。

グローバルな知のネットワークとの接続を強化していくうえで、まず都が着手すべきは、**海外一流大学の誘致**です。

アジア圏の主要都市では、欧米の有名大学がキャンパスを設置しています。例えばニューヨーク大学は、アラブ首長国連邦のアブダビや中国の上海に分校を設置。またイェー

図14　学術都市としての東京のポテンシャル

研究・開発部門

順位	都市	合計スコア
1	ロンドン	100
2	**東京**	**99.2**
3	ソウル	97.8
4	ミュンヘン	97.7
5	メルボルン	97.1

出典：「QS Best Student Cities 2024」

順位	都市	スコア
1	ニューヨーク	206.5
2	ロンドン	181.4
3	ロサンゼルス	154.9
4	**東京**	**143.4**
5	ボストン	137.7

出典：一般財団法人森記念財団都市戦略研究所「世界の都市総合力ランキング(Global Power City Index) 2023」

ル大学は、シンガポール国立大学と共同で「Yale-NUS大学」を設立しています（2025年閉校予定。新大学の設立を検討中）。

もしも東京に、例えば「オックスフォード大学東京校」が開校したら、学術都市としての発展に向けた大きな一歩となることは間違いありません。都内一流大学との学術交流も活発化して、互いのシナジー効果も生まれるでしょう。

そうした誘致の施策と同時に、都がダイレクトに主導できる東京都立大学の改革を進めていく。現状では世界大学ランキングのトップ100にも登場しないようなポジションですが、ユニークかつ特色ある教育プログラムを提供できる大学へと刷新していくのです。

都立大もやはり、世界の大学ネットワークにしっかりと接続できていないという課題を抱えているため、変革を進めるにあたっては国際化を意識するべきです。

その具体的な案が、**ダブルディグリー（複数学位制度）の活用**です。

ダブルディグリーとは、複数の国内外の大学が単位互換制度を利用することによって、学生に複数の学位を授与する制度で、個別に取得するよりも短い期間で学位を取得することができるなどのメリットがあります。

都立大が海外の一流大学と提携し、ダブルディグリーを実現できれば、日本の学生が先端の知見を海外に学びに行きやすくなりますし、学位取得を志す海外からの質の高い留学生も増え、日本の学生との交流も活性化するでしょう。

また都立大は、経済政策との連携においても、独自の価値を発揮できる可能性があります。多摩地区を自動運転先進地域に設定し、実証事業を先行して進める案については前述の通りですが、その実現過程では、周辺地域で関連産業が発展し、自動運転技術にフォーカスした研究開発機関のニーズも生まれることが見込まれます。その役割を八王子や日野にキャンパスをもつ都立大が担い、産学連携の自動運転技術研究センターを関連機関としてつくるのも一案です。

世界から一目置かれる大学となるには、その大学に優秀な研究者がどれだけ集まっているかが重要ですが、日本の国立大学は海外と比べ、学生への授業を含め、教員に課せられる研究以外の業務負担が多いという問題点がかねてから指摘されており、採用の障害となっています。であるならば、**都立大で教授職の時間的自由度を高め、研究の時間を増やす策を打つ**ことは、国内外の優秀な研究者を惹きつけるうえで大きなアドバンテージとなります。

都立大が新たなモデルを示すことは、全国にある県立や市立などの公立大学にも波及的な好影響をもたらすでしょう。

本章では、「誰も取り残さない」ことを軸とする政策と、グローバルな都市間競争で存在感を高めるための政策という2つのベクトルから東京の目指すべき教育戦略について論じてきました。

東京の経済力とポテンシャルにおいて、これら2つのベクトルの両取りを目指すことは現在なら可能です。

しかし仮に10年遅れると、もうその体力が東京に残っていないかもしれません。少子高齢化が一層進み、行政が打ち出す政策もより福祉へ重点が置かれたものになっていると考えられるからです。

「一人ひとりの個性に合った多様な教育を実現する」「世界に誇れる教育の質を担保し、東京を一大学術都市へと成長させる」――この両方を目指せるのは、きっと今しかないのです。

コラム

テクノロジーで社会の側の「障害」をなくす

現在都内には身体障害者手帳の交付を受けている方が約48万8000人、愛の手帳の交付を受けている方（知的障害者）が約9万8000人、精神障害者保健福祉手帳の交付を受けている方が約14万人います。

福祉とテクノロジーは、一見互いに遠い領域のように思われがちですが、実は**「誰も取り残さない社会」は、テクノロジーを味方につけてこそ実現します**。新しい技術を適切に活用していくことで、当事者の困りごとを積極的に解消することができます。

「障害の社会モデル」という考え方があります。これは「障害者が直面する困りごとは社会や環境に起因する」と捉えるもので、「障害は個々の心身機能の障害によるものである」とする「医学モデル（個人モデル）」とは一線を画します。

例えば、移動を車椅子に頼らざるを得ないという「障害」があるとき、医学モデルではその個人の歩行能力に意識が向かいますが、社会モデルでは、社会や環境に対してアプローチします。その人の生活圏において完全バリアフリーが実現されれば、車椅子を使った移動はもはや「障害」でなくなるわけです。

社会モデルの観点から、**社会の中の「困りごと」をなくしていくことは、健常者にとっても住みやすい街づくりに直結します**。例えば、バリアフリーの恩恵は、赤ちゃんをのせてベビーカーで移動する子育て世代や手押し車で移動するお年寄り、キャリーバッグを引いて出張に行くビジネスパーソンにも及ぶことになります。社会のインフラ整備において、こうした〈誰にとっても使いやすい〉ユニバーサルデザインの視点が不可欠なのは言うまでもありません。

先に発達障害の子の教育支援の文脈で扱った、福祉事業者を含むエッセンシャルワーカーの方々の待遇改善やＤＸによる事務作業の軽減、各ステークホルダーとの連携の強化は、そのまま広く障害者福祉全般でも必要な政策でしょう。

障害者手帳のデジタル化を進め、将来的にマイナンバーカードに搭載することで、都・市区町村が実施主体となる医療費助成（指定難病・自立支援医療等）の円滑化が進められるとも考えています。

ろう者のための３ＤＣＧ技術を用いた手話翻訳ＡＩツールや、先の場面緘黙症の方のためのＡＩアプリなどは困りごとの軽減に役立つテクノロジーでしょう。そうした効果的なツールのデータベース化や周知の向上で都が果たせる役割は大きいといえます。

第4章

安心を実感できる医療・防災モデル

Talking about Our 1% Revolution

「医師の働き方改革」という喫緊の課題

まず朝8時に出勤したら、所属する医局の入院患者の健康状態をひと通りチェックしたあと、9時から絶え間なくやってくる外来患者の診察に当たり、急患の対応もするため昼食をとる暇すらない。あっという間に夕方になり、そこからはカルテを書いたり、上司に当たる教授の論文を手伝ったり、研究費獲得のための書類作成などのデスクワーク。夜間は、別の病院の「当直」としてアルバイトに行く。静かな夜を過ごせればラッキーだが、急患の来院に何度も叩き起こされることもよくある。処置を済ませ、朝方に少し仮眠をとってから再び出勤……。

これが日本の大学病院で働く勤務医の、ごく標準的な労働実態です。

時間外労働が年960時間を超えて勤務している病院勤務医は、全体の37・8%。月の労働時間に換算すると約80時間で、いわゆる「過労死ライン」に相当します。全体のなかの上位10%の医師は「年1824時間」を超える時間外労働に従事しており、常軌を逸した激務となっています（図15参照）。「医師の働き方改革」と高齢化社会のピークを迎える社会の医療体制維持の両立は、都として解決策を示さなくてはならない喫緊の課題です。

図15　病院常勤勤務医の週労働時間の区分別割合

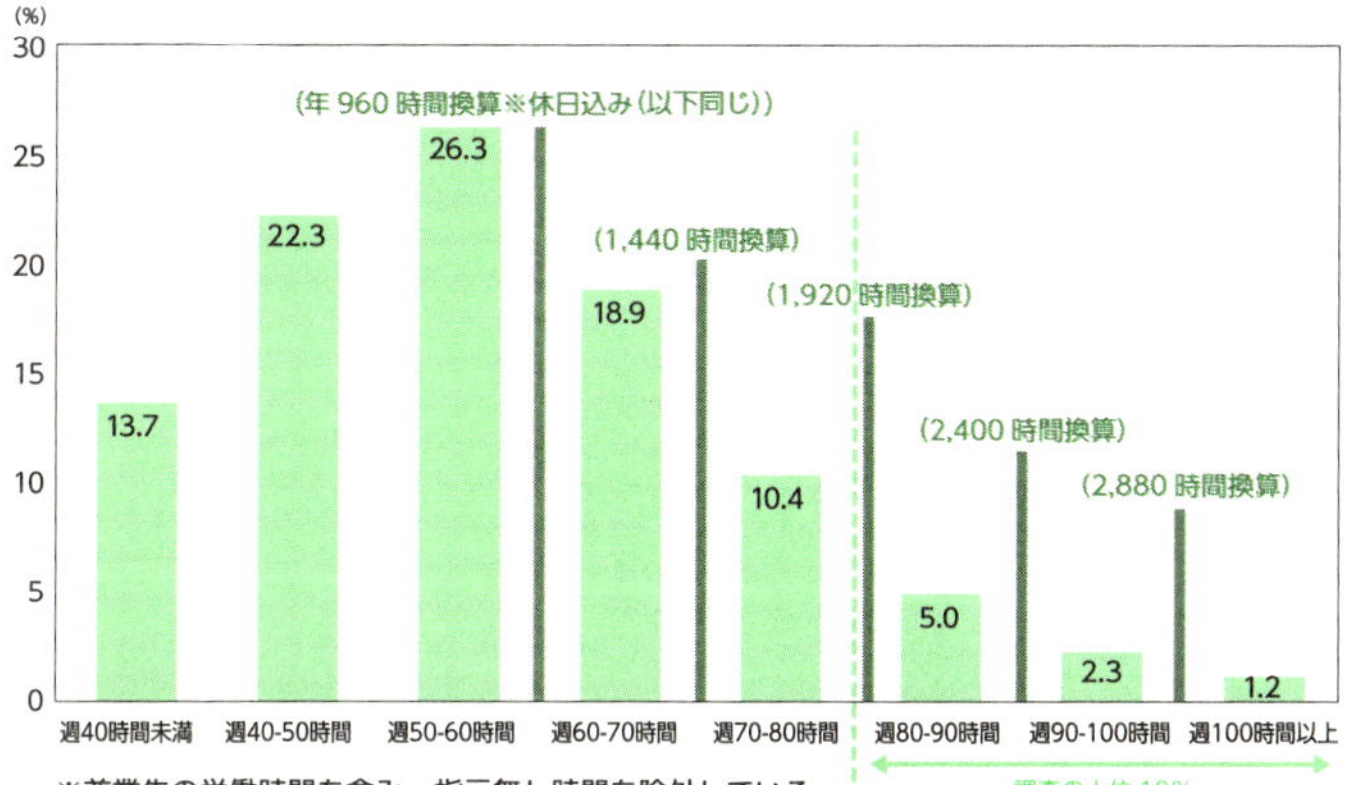

※兼業先の労働時間を含み、指示無し時間を除外している

出典：厚生労働省「令和元年 医師の勤務実態調査」

２０５０年に「都民の３人に１人が高齢者」という時代を迎える東京には、限られた医療リソースで、いかに超高齢化社会に対応するかという先進的なモデルを示す責務があると考えます。

冒頭の例に戻ると、なぜ医師たちはこれほど大変な思いをしてまで当直のアルバイトに行くのでしょうか。そこには、勤務医としての収入が少なく、**大学病院においてはまだ教授にはなれない30～40代の医師は教授の“助手”のような待遇になってしまうという構造的な要因**があります。アルバイトのほうが時間単価は圧倒的に高いこと、また人手不足が深刻な地域医療が医師のバイトで支えられている、という事情もあります。

こうした過酷な環境は、当然のように若い世代からは忌避され、近年では多くの医師免許取得者が、収入の高い美容整形の開業医を目指すという流れもできつつあります。

２０２４年から始まった「医師の働き方改革」の新しい規制で「勤務医の時間外労働の年間上限は原則９６０時間とする」との規制が設けられましたが、そもそも病院側は、時間外労働も含めたトータルの勤怠管理に消極的です。医師の勤怠状況を把握している都内病院の割合は55・５％に過ぎません（東京都保健医療局「令和４年度医師働き方改革に係る準備状況調査」）。

また、労働時間を明確に管理することが、患者の命に責任をもつ医師という職業に馴染みにくい面もあります。手術の最中に終業時間が来たからといって、メスを置いて帰るわけにはいきません。

医療の問題は複雑で、例えば厚生労働省の管轄下にある診療報酬の問題など、国政レベルでなければ介入できない要素も多いのが実情ですが、ここでは都政でできるアプローチに絞って論じたいと思います。

医療ＤＸを阻む事情

医療現場の負担軽減のカギとなるのは、**DXによる業務の大幅な効率化**です。

都内に14ある都立病院において、病院間の連絡には、いまだにファックスが使われているような状況があります。しかも、送信後に「ファックス届きましたか?」と確認の電話を入れるような非効率がまかり通っているほか、縦割りの構造で病院ごとにカルテの様式が異なっていたりもします。

DXにより病院間あるいは介護施設との間の情報連携を簡易化・迅速化すれば、一定の業務効率化が図られるでしょう。

石川県七尾市にある恵寿総合病院が、医療AI事業を展開するUbie株式会社とともに行った、生成AIを活用した実証実験の結果は注目に値します。報告によると、退院サマリ作成時間が生成AIを使用することで42・5%の入力時間減少と、27・2%の心理的負担の低減が認められ、業務負担軽減効果が有意に実証されました。

合わせて、医療機関の職員向けにITリテラシーを高める講座などのサポートを行うのも手です。忙しさのあまり自主的に取り組めるだけの余裕がないのが現状であるため、都から後押しするような援助が有効でしょう。

一方で、医療や介護の世界には、DX化をすれば何でも解決するわけでもない特殊な要因がいくつかあります。

例えば、病院の理事長と地元の政治家が懇意にしているとＶＩＰ枠で患者が送られてくる、というようなことがあったりします。そのような患者を現場にいる先生は断りきれないので、すでに病棟は満床でも〝隠しベッド〟を引っ張り出してきて多少無理してでも受け入れます。その是非はともかく、否が応でもそうした人間関係で左右されるファクターがある世界のため、デジタル化で万事丸く収まるというわけでもないのです。

今のテクノロジーが医療の現場で十分に活用されるレベルにまだ達していない面もあります。端的な例でいえば、呼吸が止まって倒れている人が目の前にいるような場面では、心臓マッサージを施すことが最優先です。スマホのアプリを立ち上げている暇なんてありません。緊急性が高い状況のなかでも、医療従事者がほとんど意識することなく使えるテクノロジーをどうつくり込んでいくのか、エンジニアリング側のさらなる努力が必要な部分でしょう。

また、ＤＸは業務効率化に資するといっても、運用上どうしても情報の入力作業が発生します。病院内では情報管理がしっかりされていたのに、退院して介護施設や自宅に移ると、情報管理が脆弱になり、健康状態の推移がわかりにくくなることもよくある話です。介護の現場でケアマネジャーや訪問ヘルパーの方が、「入所者がどんな食事をとったか」「健康状態はどうだったか」などをシステムに入力することが徹底されれば、提携先の病院においてもデジタル化の恩恵は最大化されますが、それは容易なことではありません。慢性的に人手が足りず忙しい介護従事者にとって、手間が増える入力のインセンティブが乏しいからです。医療職に向けて提供されているサービスが介護職向けには提供されていないなど、医療と介護を地続きでつなぐプラットフォームが少ないという課題もあります。

これに関していえば、今後生成ＡＩの活用によって、現場で交わされる会話の内容をもとに大部分の情報が自動で入力される支援システムが誕生する可能性は高いと考えます。医療現場の方は、その内容をチェックして、足りない部分を補うだけでよいということになれば、現場の効率化は大きく進むでしょう。

夜間・休日オンライン診療のメリット

医療ＤＸによって実現可能な政策の一つが、**夜間・休日のオンライン診療の拡充**です。都内では共働きの現役世代が増えています。彼らは平日の日中に病院に行くのが難しく、仮に病院に足を運んだとしても、高齢者を中心とした混雑に巻き込まれて長い待ち時間を強いられることが多々あります。そうした状況を踏まえ、夜間・休日のオンライン診療という形で現役世代の医療アクセスを担保していくことは重要です。不妊治療についても同様で、オンライン化によりアクセシビリティを高めることは少子化対策にもつながります。

まずは夜間診療の現状を確認してみましょう。

救急医療は、患者の重症度や緊急性に応じて、一次救急（入院や手術の必要がなく、自力で受診できる比較的軽症な患者に対応）、二次救急（入院や手術が必要な患者を24時間体制で受け入れる）、三次救急（一次救急や二次救急では対応が難しい、生命に関わる重症患者に対応）の3つに分類され、それぞれ対応する医療機関も異なります。

夜間に発症した患者は、一次救急の病院（主に地域の医院やクリニックなど）はほとんど閉まっているため、おのずと二次救急に対応した医療機関を訪れることになります。しかし、実際には軽症の患者も多いのが実情で、救急車を呼んだ人のうち54%が入院の必要のない軽症だったというデータもあるほどです（東京消防庁資料）。それでも、心配ゆえに病院に駆け込む人が絶えないことが、本来は重症者を受け入れるべき二次救急の逼迫につながっています。

オンラインの夜間・休日診療が実現すれば、患者は病院まで足を運ぶことなく医師の診察を受けられることになります。症状を話して、「大丈夫ですよ。朝になってから病院で受診してくださいね」という医師の言葉を聞けるだけで安心できるケースも多くあると思われ、二次救急の逼迫を緩和する効果が期待できます。

診療のオンライン化は、医師にとっても大きなメリットがあります。仮に病院に当直で出向くとなれば8時間の当直勤務と、往復の移動時間もかかりますが、オンラインであれば自宅からでも対応可能であるため、負担がかなり減るのです。自宅でも対応できるオンライン診察は、医師にとっても歓迎すべきものといえるでしょう。

オンラインであれば医師と患者がどこにいるかは問題でなくなるため、仕組み次第で、地域間の繁閑調整にも活用できます。現に、東京都医師会は都道府県を超えたオンライン診療を提供すべきだと提言しています。

２０２４年９月末、東京都武蔵野市にある吉祥寺南病院が建物の老朽化のため、診療を休止しました。同市の吉祥寺駅周辺では、24時間体制で患者を受け入れる二次救急医療機関が相次いで休止・閉鎖しており、東京都内だけで見ても医療リソースの偏在が顕著になり始めています。オンライン診療が普及すれば、東京都外の閑散期の医師が、アルバイトで診察にあたることも可能になるでしょう。

千葉県野田市では、２０２４年春から夜間・休日における軽症者向けのオンライン診療がスタートしました。自宅でスマホなどの画面越しに、内科・小児科の医師の診察を受けられ、発熱や咳・のどの痛み、胃痛、頭痛、吐き気などの症状に対応しています。また那覇市立病院では、２０２４年11月から小児科のオンライン夜間診療の試験的な運用を開始しました。沖縄県内全域を対象に、平日のみならず、土日祝日の夜間診療にも対応しています。以前は地域の小児科医がローテーションで休日の診療を担当していましたが、あまりに負担が大きかったためオンラインに舵を切った形です。

この医療リソースの逼迫問題にひときわ切実な思いを感じているのは、私自身、救急医療のおかげで命を救われた経験があるからです。12歳のころ、私は急性虫垂炎になって、**あと1時間処置が遅れていれば盲腸が破裂して死んでいたかもしれない**ということがありました。そのときはたまたま千葉の病院が受け入れ先として見つかって、九死に一生を得ました。今全国各地で、救急車を呼んでも救急患者の受け入れ先がすぐに決まらない「搬送が困難な事例」も多く報告されています。

救えるはずの命を救うためにも、救急サービスは重症度や緊急性に応じた適切な利用と、医療の現場を圧迫しない仕組みの構築が早急に求められています。

オンライン×AIで医療体制を補完する

夜間・休日診療をオンライン化すると、処方された薬をどのように受け取るか、という問題が生じるでしょう。

緊急性が高くなければ、翌朝に近所の薬局で受け取る形で十分ですが、やはり「薬を飲んでから寝たい」というニーズが高いのも事実。そこで24時間対応可能な調剤薬局の充実を進めるほか、コンビニの活用も検討すべきです。**夜間や休日でもコンビニでの処方薬受け取りを可能とする特区を設立**し、試験的に始めるのがよいでしょう。

そうなったら便利だろうと誰もが思うことが、これまで進んでこなかったのには理由があります。その一つが、地域の小さな薬局や薬剤師からの強い反発です。風邪薬や痛み止めこそ小さな薬局にとって一番の主力商品であり、その需要を奪われてしまうのではないかとの危機感があるのです。

同様に、夜間・休日のオンライン診療を広げようとすると、他地域の医師が患者を診られるようになるため、地元の医院やクリニックからも反対の声が上がると予想されます。風邪や頭痛などの軽い症状の患者は一番メインの〝お客さん〟。それを奪われては経営が成り立たない、というわけです。何代にもわたってその地域の医療を見てきたという自負も、オンライン化に反発する心理に拍車をかけるのだと思います。

でも、そこにはやや感情的な誤解も含まれています。夜間・休日のオンライン診療は、地域の医院やクリニックが閉まっているときに、二次救急に流れていってしまう患者を減らすためのもの。あるいは平日の日中に病院に行けない患者に医療アクセスを提供するものです。対面とオンラインが両方の選択肢としてあれば、まだまだ患者はより安心感のある対面診療を選ぶ時代が続くでしょうから、医院やクリニックに通う患者を奪うわけではありません。

地域の医療関係者に懇切丁寧な説明を尽くして理解を得ることもまた、医療のＤＸに欠かせないプロセスなのです。

こうした医療の未来を考えるとき、私がスタートアップで提供したサービスがひとつ参考になるかもしれません。「ＢＥＤＯＲＥ」は、ＡＩの自然言語処理を活用し、チャットボットでコールセンター業務の大幅な効率化を実現しています。その仕組みは次のようなものです。

第１ステップは、ほとんど電話で行われていた問い合わせ対応をチャットに置換すること。第２ステップは、客からの問い合わせに対して、単純な内容であればＡＩが自動で回答し、複雑な内容であれば人間の担当者に引き継ぐ仕組みの導入。さらに、担当者は１人の客だけに向き合うのではなく、同時に複数の客と向き合えるようにします。要するに、担当者のディスプレイには３つのウインドウを同時に表示させ、Ａさんからコメントが返ってくるのを待っている間に、残りのＢさん、Ｃさんに対応するようなイメージです。

このシステムのポイントは2つ。一つは、電話ではなくチャットにしたことです。これにより、オフショアの活用も視野に入れられます。例えば東南アジアには、日本語のレベル的に、会話は難しいがテキストのやりとりなら支障がないという方が多くいるため、問い合わせ対応を委託することも選択肢に入ってくるのです。

もう一つのポイントは、**AIが〝前さばき〟を担当する**こと。実はユーザーからの問い合わせの多くは似通った単純な質問なので、AIが返せるものは返し、内容が特殊だったり難しいものだけ人間のオペレーターに引き継ぐようにします。そうしたフィルターをかけることで、現場の負担はかなり軽減されますし、顧客満足度も向上します。

同様の考え方を、AI×医療の分野に導入できる可能性は高いと思います。

夜間・休日に限らずオンライン診療がもっと普及することで、物理的に離れた場所の医療リソースを活用できますし、AIによる〝前さばき〟で現場の負担を軽減することもできます。問診票に記入するような情報、診察のさい必ず聞かれるような質問への回答にはAIチャットを活用します。

さらに、その患者を診断するのに最も適した、手の空いている医師のもとに即座にオンラインでつなぐシステムも構築可能です。これは患者、医療者の双方にとってメリットが大きいものとなります。

例えば、夜間に当直の医師が1人だけという小さな病院はたくさんあります。リアルに夜間診療を充実させようと思えば、外科医、内科医、小児科医の3人を常駐させておく必要がありますが、人手的にも財源的にも無理な病院がほとんどです。当直医が自分の専門外の症状の患者さんを、不安を覚えながら診察するような状況もよく起きています。

オンライン診療が普及すれば、子どもの患者と対面した内科医が、オンラインで小児科医のアドバイスを受けながら診察を行う、といったことも可能になります。既存の医療体制の弱い部分を補いつつ、コストも下げられるのです。

オンライン診療の導入には、ネガティブな意見を持つ医療関係者もいると思いますが、患者を奪う・奪わないの次元の話ではないことはきっとご理解いただけるはずです。オンライン診療は、限られたリソースを効率よく活用し、対面診療だけでは対応しきれない部分を補完する有効なツールである、というコンセンサスを行政側が粘り強く形成していくことが大切だと思います。

「備え」を促す

年を重ねるごとに人間の体には容赦なく変化が訪れますが、とくに留意して備えるべき

図16　認知症および軽度認知障害の高齢者数と有病率の将来推計

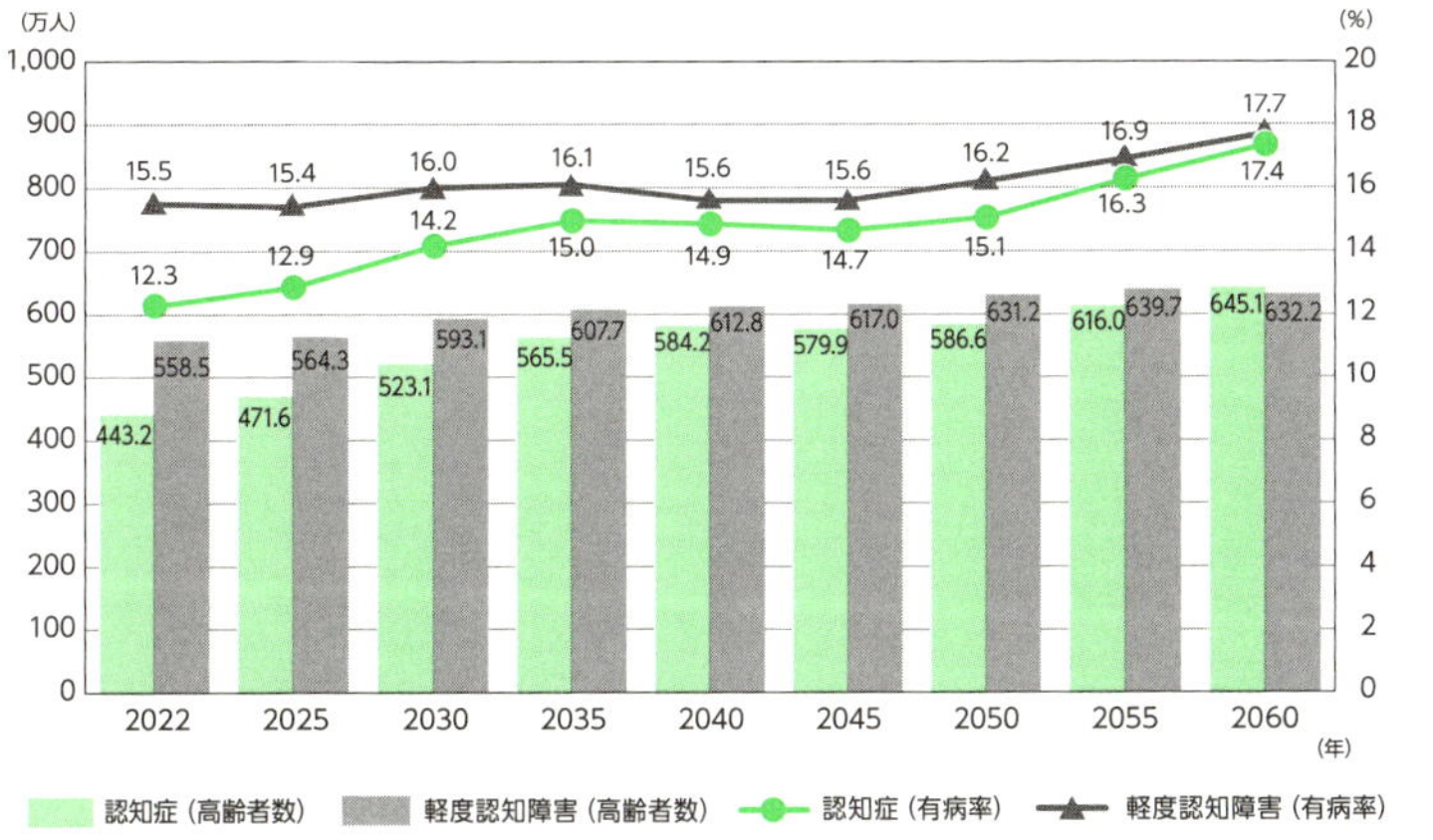

出典：九州大学「認知症及び軽度認知障害の有病率調査並びに将来推計に関する研究」より内閣府作成資料

ものの一つが、**認知症リスク**です。

厚労省の推計では、2040年に認知症の高齢者は584万人ほどに達する見込みで、これから日本は〝認知症大国〟になっていくと予想されます。内閣府の資料では、2060年には認知症の有病率は17・4%、軽度認知症は17・7%と推計しています（図16参照）。認知症高齢者の保有資産額は全国で255兆円、東京都だけで19・2兆円に上ると推計されていますが、認知症になると、大切な資産が詐欺集団に騙されて奪われたり、親類縁者に意に沿わない形で使われたりする可能性も出てきます。

事前に、家族や弁護士がわかるように資産を明示し、管理の方針を明記した**認知症への備えとなるアプリを社会的インフラと**

して都が開発する必要があると私は思っています。

- **預貯金や土地などの資産リスト**
- **資産の共同管理者の設定（詐欺防止）**
- **財産を誰にどう分配してほしいのか（遺言）**
- **危篤状態に陥ったらどういう治療方針で対応してほしいのか（リビング・ウィル）**

例えばこうした情報や自らの意思を、元気なうちにアプリに登録しておくのです。

オーストラリアでは、60歳になった段階で、自身が重篤な状態に陥った場合の治療方針などを明記して提出することが奨励されていますが、都においても同様の取り組みはあって然るべきでしょう。

自分らしい生き方についてあらためて考え、それに基づいた治療方針などを登録し、周囲の人と普段から共有しておくことは、高齢者の安心のためにも大きな意義があると思っています。

私自身、慕っていた祖父の末期にさいして、人間の尊厳を守ることと医療技術のはざまにあるジレンマを深く考えさせられたことがあります。祖父を看取った経験を経て、私の中で、命の長さに対する向き合い方に変化があったような気がします。

もちろん愛する人にできるだけ長く生きてほしいと思うのは、人間の自然な感情です。しかし、意思疎通の手段を失い、あるいは意識さえも失った状態でただ無理やり延命させ続けることが果たして望ましいことなのか、いまもってわかりません。

生きる喜びを味わえる健康寿命を延ばすことこそ大切にしたい――有限の医療リソースを最も割くべきはそこではないかと私は思っています。

パンデミックにどう向き合うべきか

さてここで、パンデミックのさいにいかに医療リソースをパンクさせないかという課題について考えてみます。新型コロナウイルスの感染拡大やそれに伴う緊急事態宣言の発令は、東京への一極集中の問題、人口密集地である都市機能の脆弱性を明らかにしました。これは、いつか必ず来る「次」に生かされなければなりません。

パンデミック時に、まず都などの自治体がやらなければならないことは、**自治体のなかにある医療リソースの一元管理をスピーディーに行う**ことだと思います。

今どの病院にどれだけの空きがあり、酸素や特効薬、ワクチンがどこにどれだけあるのか――こうした情報の把握をテクノロジーの力も使って可能な限り迅速にリアルタイムで行うことが重要になってきます。

コロナ禍において、自宅で瀕死状態となった患者が救急車にも乗れず、仮に救急隊が現地に到着してもどこに運べばよいのかわからず、保健所が各所の病院に入院できるかどうかの確認をとって回る「入院調整」業務が膨大な仕事量になりました。そのコールセンター事業だけでも、とてつもない費用が発生したと思われます。

消防と病院、保健所といった機関を横串でつなぐデジタル基盤を整備したうえで、関係者を集めてコントロールセンターをつくることができれば、スムーズな対応が可能になります。首長には、そうした機動性のあるリーダーシップを示すことが求められるでしょう。

また、**人間の密度を動的にコントロール**できるよう、リモートワークなどの推進も大事な施策になってきます。コロナ禍を経て、リモートワークが一般化したことは歓迎すべきことで、感染症の蔓延時には「密」を避けて「疎」な地域へと、仕事の心配なしに移れるようになった人も多いはずです。

当時、経済的に余裕のある人々は、地方に短期的な移住やワーケーションをしました。ただ、そうではない人からすると、2～3週間程度の短期であればウィークリーマンションやホテルなどの選択肢があるものの、**数カ月～1年くらいの期間に適した移住ソリュー**

ションは見当たりません。つまり、パンデミック時に中長期期間、都心を離れて暮らすことのできる現実的な選択肢がない。

私は、多摩地区にその受け皿となるような住宅を整えるのがよいと考えています。基本はリモートワークにしつつ、必要であれば都心部のオフィスへの出勤もできるという距離感でちょうどいいエリアです。

住宅費の二重支払いが足かせとならないよう、パンデミック時に特定の地域への期限付き移住を行うケースで、もともと住んでいたところの住宅ローンの返済を一部助成したり、賃貸物件居住者には引っ越し代金の補助をしたりするのも有効な施策でしょう。

コロナ禍においては、「安全安心こそ第一。ステイホームを徹底すべき」とする人たちと「経済も大事。状況を見極めつつ速やかに緊急事態宣言を解除すべき」とする人たちとのあいだで、考えが真っ向から対立しました。今一度、コロナ禍の政府対応を振り返り、次の同様の事態に向けての指針を整理しておくべきではないでしょうか。

個人的には、それぞれが抱える健康リスクに応じて制限の度合いを調整する手法を探ったほうが経済的なダメージを抑えることができたと思いますが、有事の政策は社会のなかで「納得感のある」コンセンサスがとれるかどうかにかかっています。行政府のメッセージの出し方も含めて、これは今後の検討課題です。

新型コロナの苦い経験を経た今、マスクや衛生用品の常時備蓄、エッセンシャルワーカーの過重労働の回避の仕組み、正しい情報伝達のあり方など、講じておくべき事前の策はいまだ山積しています。

首都直下型地震に備える

さて、ここからは「防災」について書いていきます。

日本は災害大国といわれますが、なかでも東京は、大都市特有のリスクを抱えています。人口密度は6400人／km^2で、もちろん日本で最多。人も建物も密集しており、大規模な災害の発生によって、多くの人々が行き場を失い、大混乱に陥る可能性が非常に高いエリアです。

東京が直面する最もリアルな災害リスクは、首都直下型地震。2020年時点で、**マグニチュード7程度の地震が30年以内に発生する確率は70％程度と予測**されています。内閣府の首都直下地震対策検討ワーキンググループのレポートでは、マグニチュード7クラスの直下型地震が起きたさい、次のような被害規模が予測されています（「首都直下地震の被害想定と対策について」平成25年）。

・揺れによる全壊家屋：約17万5000棟
・建物倒壊による死者：最大約1万1000人
・建物被害に伴う要救助者：最大約7万2000人
・地震火災による焼失：約41万2000棟、倒壊等と合わせ最大約61万棟
・火災による死者：最大約1万6000人、建物倒壊等と合わせ最大約2万3000人

こうした試算があるなか、災害時の避難やケアには大きな課題があると感じています。東京都には障害のある方が73万人、高齢者が311万人おり、自力で安全な場所に移動できない方々のサポートに手が回らなければ、人的被害はさらに増えるものと想定されます。さらに、都内の外国人人口は63万人で、言語面でのサポートが行き届かないと、大きな混乱が生じるでしょう。

都の対策としては、発災時2時間以内に東京都防災センターに「東京都災害対策本部」が立ち上がり、応急対策指令室が医療救護チーム、道路調整チーム、物資・輸送調整チーム、ライフライン調整チームなどを束ねることになっています。同時に、救出救助統括室が東京消防庁、警視庁、海上保安庁、自衛隊の4機関が行う支援を調整。政府の災害対策本部とも連携する体制です（「首都直下地震等対処要領」令和5年改定版）。

各部門・チーム等における情報収集には、東京都災害情報システム（DIS）の活用がうたわれており、これにより現地の被害状況を職員がリアルタイムに共有でき、各避難所の開設状況や混雑情報を集約できることが見込まれています。

現在の都政で、防災のDXに力を入れてきたのは評価できるポイントで、例えば下水道を使った浸水対策では、雨水の流入量を多機能型マンホール蓋を用いてリアルタイムで計測するシステムが導入されていますし、大雨のさい地形の3Dデータを取得し、平時のデータと比較することで、土砂災害の発生箇所を特定する試みも行われています。東京都副都知事の宮坂学氏（元ヤフー会長）の貢献が大きいと思われますが、こうしたテクノロジーを活用した災害対策は今後さらに加速させたいところです。

普段からの備えとして、**ハード軸、地域軸、主体軸**の3つの観点から、加速すべき点と優先順位を明らかにし、重点投資を行っておく必要があると私は考えます（図17参照）。

次節以降では「事前の備え」「発災直後」「避難／復旧」の3段階で、どんなアップデートができるかを示していきたいと思います。

図17　防災への備え3つの軸

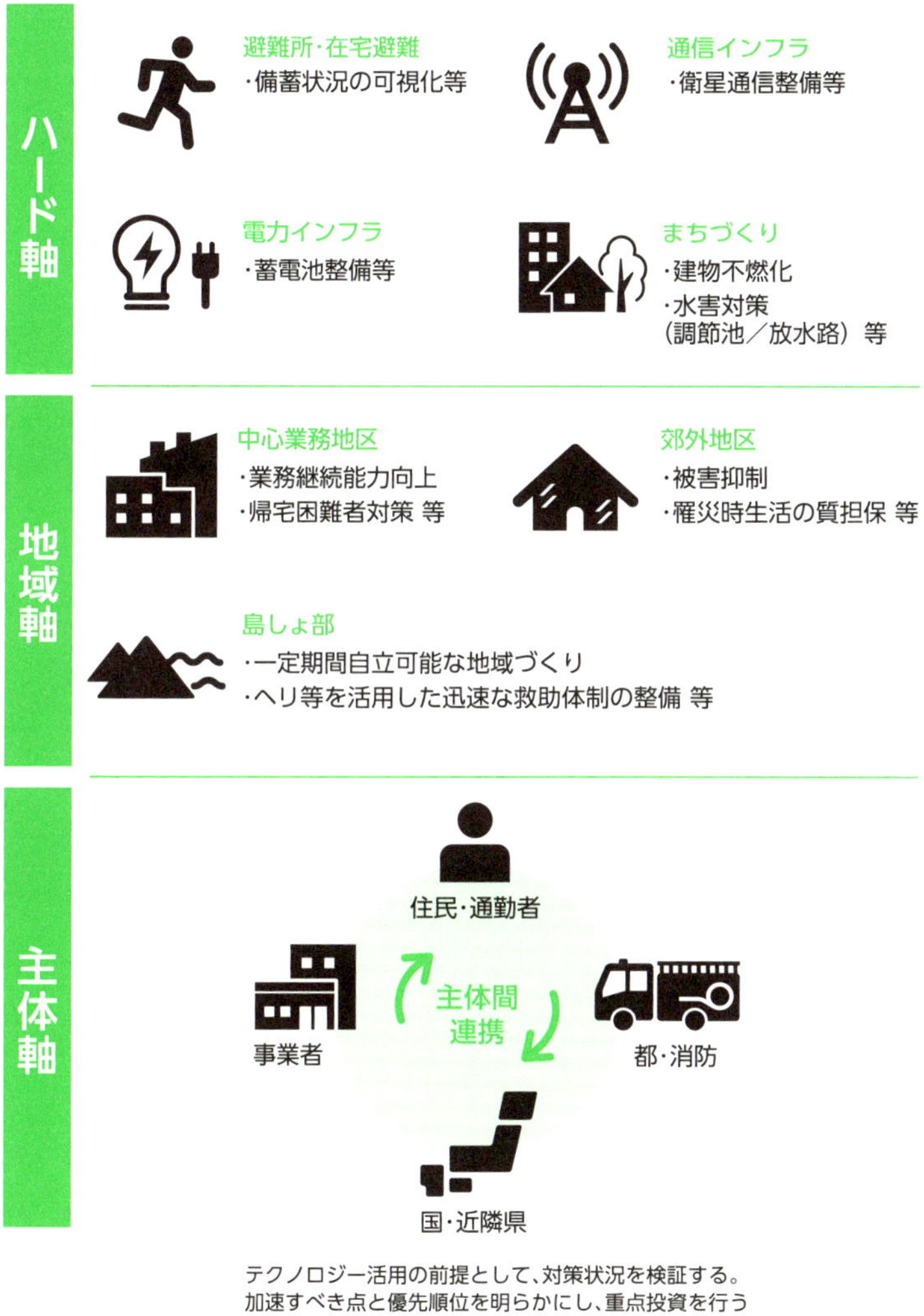

テクノロジー活用の前提として、対策状況を検証する。
加速すべき点と優先順位を明らかにし、重点投資を行う

「いつでも」「個人で」実施できる避難訓練

まず「事前の備え」のフェーズで、改善の余地があるのは**避難訓練**です。

現状、さまざまな単位で行われている避難訓練はほぼすべて「一斉実施」です。あらかじめ決められた日時に非常ベルが鳴り響き、参加者たちは指示に沿って避難行動を確認します。参加者は受け身になりがちで、名ばかりの訓練になりかねません。また避難訓練によっては、避難所まで行くのにかかった時間を計測しますが、そのタイムは自己申告で、担当者が紙に書き込むような形で行われるため手間暇がかかります。

都もこの点に課題を感じているのか、東京防災アプリに避難シミュレーション機能が追加されています。この取り組みを発展させ、個人で利用でき、かつ実効性がある避難訓練アプリを開発・普及できるとよいでしょう。例えば、次のようなイメージです。

利用者はまず、普段の生活の場（自宅やオフィスなど）でアプリを起動します。すると周辺のマップとともに自分がいる場所がＧＰＳで表示されます。「訓練開始」ボタンをタップすると、最寄りの避難所の位置とそこまでの経路が表示され、それを頼りに避難所まで歩いて移動します。ただ、最短距離で行けるとは限りません。移動の途中で実際に起こり得る障害として、倒木による道路の寸断や火災などが発生したという情報がマップ上で提供されるので、それらを避けながらナビに従って目的地である避難所までたどり着く必要があります。そして避難所に到着すると「訓練完了」ボタンを押して終了となります（避難までにかかった時間が記録されます）。

実際の運用では、避難所到着時に、アプリが表示するバーコードを読み込ませると、誰がいつその避難所に入ったかが登録され、行政側やアプリをインストールしてある家族にも入所情報が提供される仕組みにするとよいかもしれません。また学校の生徒がクラス単位で移動したり、介護施設単位で入所者が移動したりしたさいに、事前に紐づけた登録情報から避難先がアプリ上でわかるようにできればメリットは大きいでしょう。

アプリでの訓練なら、自分の都合に合わせて好きなときに実施できますし、避難経路に潜む問題点（昼間と夜間、天候の良し悪しでも大きく異なるでしょう）を個人レベルで認識しておくことができます。

行政側のメリットとしては、**避難訓練の実施状況のデータを随時アプリから吸い上げることで、地域ごとの訓練実施率や避難所までの移動にかかる時間を把握できます**。実施率が低い地域は、スマホを使いこなせない高齢者などが多い地域である可能性が高く、そうした地域に対してはアナログな手法も用いながら防災意識の啓蒙を行う必要がある、などの対策が浮かび上がってきます。

発災直後はインターネットが使えない状況になることも想定されますが、GPSさえ利用可能であれば、少なくとも避難所までの経路検索とガイド機能は使うことができます。

当然、このアプリは多言語対応とするべきです。都内の在日外国人に、こうしたアプリで避難所までの経路が示され、プッシュ型で情報が随時配信されたら、言語の壁による大きな混乱は避けられるはずです。

さらにいうと、このアプリに、利用者が経路上で発見した何らかの異常（家屋の倒壊や道路の寸断など）を登録できる仕組みまで実装できると、後述する「分散型情報インフラ」の構築ができて、より機能性が高まることになります。

「分散型情報インフラ」とは何か

次に、実際に大規模な災害が発生した直後のことを想定してみましょう。

ここでは発災から24時間以内程度の、文字通りの発災直後と、それ以降1週間程度の時期の2つのフェーズで分けて考えてみたいと思います。

発災した直後は、前述のようにまず都に災害対策本部が置かれ、都知事を長とする本部の指揮のもと、都の職員たちが消防や警察、自衛隊、ＤＭＡＴ（災害派遣医療チーム）と連携して、対処していくことになります。

このフェーズで、通信インフラがどの程度生きているかはそのときになってみないとわかりません。東日本大震災など過去の例を振り返ると、ホワイトボードに随時情報を書き込んでいくような手法のほうが力を発揮した場合もありました。デジタルに頼り過ぎるのも危ないですが、東京都災害情報システム（ＤＩＳ）が初期段階で機能すれば、情報の収集に大きな助けとなるでしょう。

人命救助のタイムリミットは72時間といわれています。救助の主要拠点、避難所の通信インフラ・電力復旧に全力を尽くすことで、情報収集と初動の効率は格段に上がります。

このフェーズでの情報収集は、現在は「中央集権型」が基本となっています。各地の職員が被害状況や避難所の情報を随時ＤＩＳへ入力し、吸い上げられた情報をもとに本部が判断して各機関に指示を出すイメージです。このような中央集権型の情報管理体制は、全体の統制を図りやすい反面、いくつかのデメリットもあります。

まず一般論として、情報を集めてから再配分するため、どうしてもタイムラグが生じます。

次に、情報の取りこぼしが発生します。情報収集・整理に当たる人員は限られており、目の行き届かない範囲が出てくることは避けられないからです。またそれとは別のラインで、発災直後には住民から消防・警察等への救急要請が殺到し、パンク寸前の状況になることも予測されます。

そこで一つの可能性として私が提案したいのが、**「分散型」の情報管理体制の構築**です。これは、スマホをもった都民それぞれが情報を取得し、共有する主体になるという考え方です。人口密度の高さは都ならではのリスクですが、見方を変えれば、「目の多さ」という強みにもなりえます。

具体的には、先ほどの避難訓練アプリに発災時の情報提供機能を追加し、都民が実際に目の前で起きている状況、例えば「〇〇さんが半壊した家に閉じ込められている」「△△町で水道管が破裂して水が噴き出している」「××の崖が今にも崩れそうだ」といった情報（テキストや画像など）を、どんどん投稿していくのです。東日本大震災の発生時、Twitter（現X）に投稿された情報が救助や安否確認に活用されましたが、イメージとしてはそれに近いといえます。

現在の技術でこれを実践しようとすると、情報が大量になり過ぎて収拾がつかなくなったり、**誤情報やデマも紛れ込んだりしますが、それらはAIがさばきます**。明らかな誤情報やデマを検知して排除する（優先度の低い表示にする）仕組みを構築することはできますし、大量の情報を、誰もが参照しやすい形で整理したり地図上に表示することも技術的には十分可能です。

そうしたシステムが構築できれば、余力のある地域住民が救援にいったり、必ずしも本部から指示が下りてくるのを待たずとも、緊急性の高いものは各地域の消防団員らが迅速にアクションを起こすことも可能でしょう。対応中の事案は即時反映され、中央は、特定の地域にリソースが集中しすぎたりしないよう、コントロールする役割を担います。

災害の発生時は社会的な不安の高まりからデマが拡散されやすくなりますが、自身がただ情報の受け手に回るのではなく、発信に主体的に参加することで、落ち着きを取り戻すことにもつながるでしょう。

こうしたアプリの開発には無論費用がかかりますが、東京都で1つのモデルをきちんとつくれば、少しカスタマイズを施すだけで他の自治体でもどんどん転用が可能です。**社会的インフラとしてのアプリは広く使われれば使われるほど、利用者1人当たりの開発コストはどんどん下がっていきます**。規模の小さな自治体が開発するのは予算的に厳しいかもしれませんが、比較的財源が豊かな東京が率先して開発を行うことには国の防災戦略としても大きな意味があると考えます。

選挙期間中、有権者の方々から「アプリに依存しすぎではないか」「インターネットや電力インフラが使えなかったらどうするのか」といったご意見をいただきました。もっともな指摘であり、各施策の実行性については、常に現実的な観点から検討を重ねなければなりません。

私の見通しとしては、まずインターネットについては、発災により通常の通信インフラがダウンしたとしても、ポータブル電源や発電機さえあれば、衛星通信の「スターリンク」経由での接続はできると考えています。能登半島地震の被災地で、スペースXとKDDIがスターリンク350台を無償提供し、各避難所のフリーWi-Fiとして開放し活用された実績がありますし、都もすでに導入を決定しています（スターリンクはビル街でつながりにくいという課題はあります）。

また電力インフラについては、太陽光発電や蓄電池等の複合的な整備を進めておくことにより、最低限の電力をまかなうことができます。ポータブル電源を個人で保有する人も増えていますし、少なくとも避難所までたどり着きさえすれば、多くの問題はクリアできると見ています。当然、避難所ではWi-Fiが利用できるよう通信インフラ・電力を優先的に復旧させる手当てが必要でしょう。

防災をめぐる議論のなかでは「アプリ云々以前に、都市計画のレベルから備えを進めておかなければならない」という意見も出ましたが、まさにその通りです。テクノロジーの活用も、その基盤となるインフラがあってこそ。都市計画の段階から、消防活動困難区域の解消や災害時の避難道路確保など、普段から災害に強い都市インフラの整備をしていくことが重要なのは言うまでもありません。

DXで避難所運営のコストは劇的に下がる

初期対応が終わると、次は、避難所の運営を行いつつ復旧に向かっていくフェーズへと移ります。有識者にヒアリングを行ったところ、**避難所の運営にはかなりのコストがかかっている**ことがわかりました。情報管理は紙ベースで行われており、誰がどの避難所に入っているのか把握しきれない状況になることがほとんどだといいます。ここは明らかにデジタル化の余地が大きい領域です。

東京都副知事の宮坂氏は、マイナンバーを活用した避難所管理に注目していますが、それもひとつの方策として賛成です。マイナンバー保険証にしている方には各個人の処方情報が紐づいており、必要な医薬品のスムーズな手配にも活用できます。

ここで事例を一つ紹介します。デジタル庁は2024年、マイナンバーカードやＬＩＮＥを使った避難所運営の実証実験を、神奈川県と協力して行いました。広域災害が発生したという想定のもと、模擬避難所を設置。被災者役の自治体職員や住民は、入所受付でマイナンバーカードを提示し、受付の担当者がそれを非接触式のカードリーダーにかざします。これだけで本人確認が完了。その結果、**用紙に記入した場合の10分の1の時間で入所作業が終わることが確認できた**そうです。また、スマホのＬＩＮＥミニアプリを使い、避難者が自身の健康状態や要望などを入力する実験も合わせて実施されました。デジタル化によって避難所の運営コストは確実に下がるのです。

ただ、デジタル庁の調べによると、紛失や悪用を恐れて「マイナンバーカードは持ち歩かない」という国民が４割を超えているので、現実問題として、災害時に「手元にない」「子どものカードまで持っていない」という人も多いかもしれません。

そのような状況を踏まえると、ＬＩＮＥや前述のアプリを避難所のチェックインに併用するのも手でしょう。自身の所在に関する情報をどこまで公開するかは選択できる形にしておけば、事情があって自分の居場所を知られたくない人のプライバシーも守りつつ運用できます。

本章に書いてきたことは一案であって、デジタル化ですべてがバラ色に解決するといいたいわけではありません。とくに防災に関しては市民の声を受けて改善を重ねていくべきものです。

次世代の防災モデル構築の本質はある種の「民主化」だ、と私は考えています。

個々人が情報の取得・発信の主体となり、ときに自ら地域の人々を助けたり助けられたりしながら、情報を有機的に連携させ、住民みんなで避難のあり方や復旧の仕方を探っていく。それを支える手段としてテクノロジーを適切に使っていく、という考え方です。

これは「中央集権型」の指揮系統を否定する意味ではありません。災害対策本部には強い指揮権があります。全体を俯瞰し、一人でも多くの命を救うべく迅速に救援部隊を送り込み、一日も早くライフラインを復旧する。それは中央が果たすべき大きな役割です。

分散型情報インフラという手段は、相互補完の関係で運用してこそ強みを発揮すると思います。トップダウンのスピーディな支援と、ボトムアップの情報共有と助け合いの両輪――それをデジタル技術でつなぐことによって「誰も取り残さない」防災の道へと進んでいくことができるのではないでしょうか。

第5章

行政を〈見える化〉し、利便性を高める

Talking about Our 1% Revolution

都庁内で蔓延する〝忖度カルチャー〟

　ここまで経済、教育、医療、防災と多岐にわたって戦略を示してきましたが、実装の要となるのは行政組織の機動力に他なりません。本章では、都知事選の際に分析した結果から浮かび上がってきた行政システムの課題を踏まえつつ、どのようにアップデートできるのかを考えていきます。

　まず最初に、東京都庁という「組織」に潜む問題点を整理してみたいと思います。

　東京都庁は一般行政職が約2万人の巨大組織ですが、政策立案力や実行力のある組織をどのように構築し、運営していくかは、いうまでもなくトップマネジメントに属する重要アジェンダです。政策企画局、総務局、財務局、デジタルサービス局など18の機関からなる都の中枢である知事部局に目を向けてみると、例えば令和3年度の普通退職者数は785人（前年度比約14％増）で、病気休暇取得者数も840人と、教育庁（学校）を除けば、突出して多くなっています。最新の数字は改善傾向にあるものの、若手・中堅職員の退職が相次いでいる問題がかねてより指摘されています。

　そこで近年の実情を知るために、都庁の元職員や都議会議員など数名のご協力を得て、私たちはヒアリングを行うところからスタートしました。調査にあたったチーム安野には、企業の組織改革に携わってきたコンサル経験者や、スタートアップを起業して一から組織を構築するなどの実績をもったメンバーが私も含め一定数いました。その知見を結集することで、都庁という巨大組織のマネジメント上の問題点を洗い出し、改善策を提示することができるのではないかと考えました。

生々しい現場の話は非常に示唆に富んでおり、ヒアリングした内容とチーム安野による調査結果を総合すると、都庁組織の課題は次の4つに整理できました。

①人事・評価（忖度文化の蔓延）
②組織構造（階層の多さによる非効率）
③働き方（増加傾向にある労働時間など）
④若手流出（民間との人材獲得競争における苦戦）

それぞれは独立した課題というよりも、相互に関連し合っている部分が多くあります。

まず1つ目の人事・評価については、ヒアリングで耳にした次のような証言が印象に残りました。

「目立つことや知事の意向に沿ったことをやった人が高く評価される一方で、意義はあるのにあまり目立たない仕事をした人や、知事の関心外の領域で動いていた人は冷遇される傾向があります。とくに局長クラスの人事には、知事や副知事の意向がかなりダイレクトに反映されているように思えます」

「組織全体として、局長は知事の言う通りに動き、その下の部長レベルも上から言われたことを唯唯諾諾とやるカルチャーになっている。パワハラ文化というか、上の意向に沿ってできないと上席から詰められてしまうので、自分もまた下を詰めるようなことが実際起きていて……」

上層部の人事に知事の意向がはたらいているとすると、局長は常に知事に「忖度」して動くようになり、部長クラスは局長から「期待通りの結果を出せ」というプレッシャーを感じるため、自身の部下に対しての当たりも強くなりやすくなります。

とくにこの数年、**都庁には上司の顔色をうかがう〝忖度カルチャー〟が蔓延している**といいます。こうした組織はパワハラの温床になりやすく、上司の意向に沿うことが最優先されるため、失点リスクを避けた受動的な仕事の仕方におのずとなっていきます。

昇任試験がブラックボックスで、人事評価に公平性がないという声も聞かれました。

例えばシンガポールでは、政府の行政職員にそれぞれのＫＰＩを設定し、その達成度に応じて評価が連動する仕組みが導入されています。公平・公正な評価を行うには客観的な基準が必要であることは自明です。

東京都でも、評価基準の「見える化」、上司や人事担当者だけでなく、部下や同僚など複数の職員も加えて多角的に評価する**「360度評価」の導入**が必須ではないでしょうか。そこに都民からの直接評価を一定の割合まぜる評価システムのあり方を検討してもよいかもしれません。人事に対する知事の影響力をある程度制限する仕組みも合わせて講じるべきでしょう。

組織のなかでの異動・降格などは、実質的にそれが妥当かどうかよりも、それを見ている周りの職員が「あの人はトップに嫌われたから更迭された」「無能なのに上のお気に入りは出世コースだ」などという印象をもってしまうことが組織マネジメントのうえでは致命的です。結果として、現場は萎縮し、有能な人材がどんどん辞めていくことになるので、評価制度の早急な再整備が必要だと考えます。

縦に深い構造を打破する

都庁組織に潜む問題の2つ目は、その構造にあります。

実は、**東京都は国の省庁よりも階層が多い組織**となっているのです。官庁では「局」の直下に「課」がありますが、都の場合、「局」と「課」の間に「部」が存在します。なぜ都には「部」があるのかといえば、職員の数自体は多い、というのが一つの背景だと思われます。

組織の階層が多くなると、そのぶん稟議の〝ハンコリレー〟は長くなり、差し戻される可能性も高くなります。稟議を上げる側の職員からすれば、「稟議を通すのに時間がかかるから、どうにかして一発で通るものをつくらないと」という意識がはたらきます。するとさまざまな想定問答に対する準備を念入りにするなど、一つの案件に費やす時間がどんどん長くなっていきます。

この問題を解決するには組織構造を変えるべきですが、数万人規模の組織の再編には、かなりの時間と労力が必要になります。

そこで短期的な策として、まずは**現場の各職員への権限移譲を進めていく**のがよいと私は考えています。当然、ポジションに応じた線引きが必要にはなりますが、「ここまでは決めてよい」という現場の権限を広げることで、稟議の回数を減らし、スピーディーに動けるよう業務の効率化を図ります。

また今後、横串の組織をつくっていくことも、都としての課題でしょう。

図18　機能別組織と事業別組織の違い

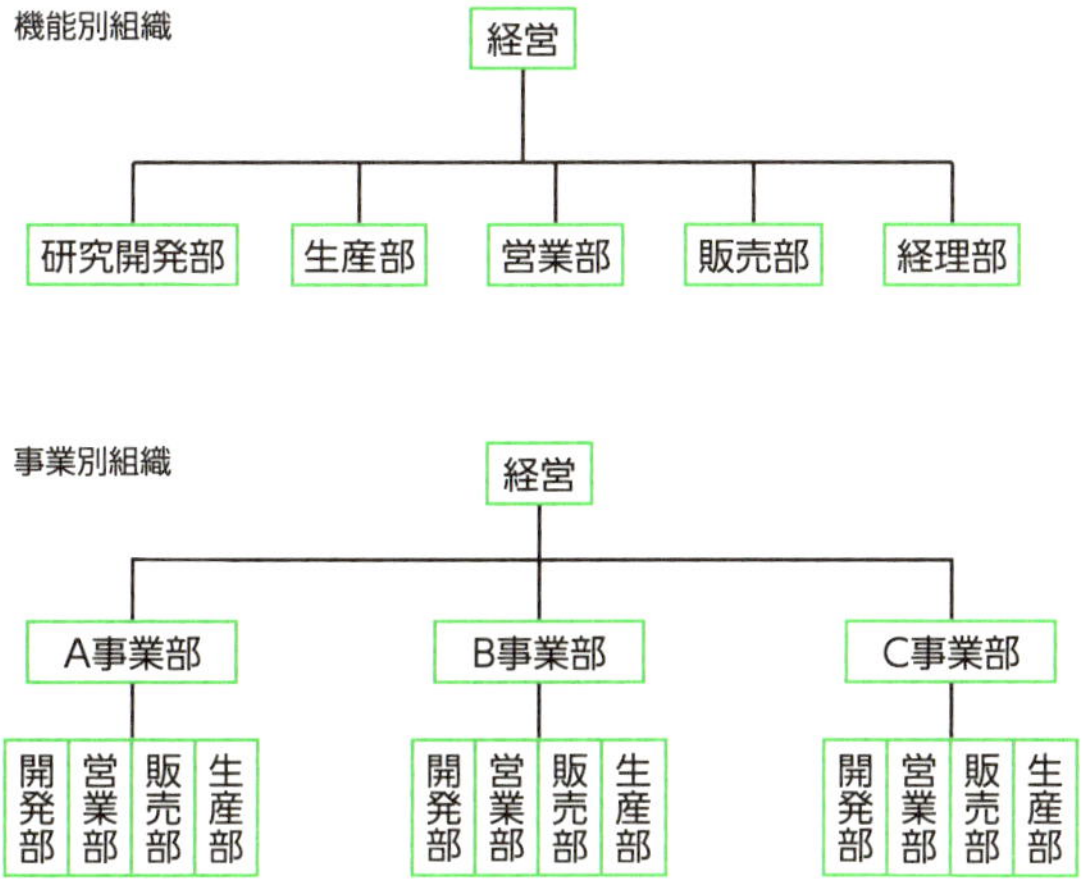

企業組織の形態として、「機能別組織」と「事業別組織」の二つがあります。前者は、組織全体が役割分担をしながら（さまざまな部署に分かれて）一つの製品やサービスをつくり上げます。後者は、事業部ごとに開発、生産、営業、販売などの、価値提供に必要な機能を備えた自己完結型の組織構造です。

行政は縦割りの機能別組織であることがほとんどで、それゆえに省庁間や部署間の円滑な連携が行われにくいという非効率性がかねてから指摘されています。縦割り組織は、各々の役割が固定されるため、自分の担当分野にのみ特化して視野が狭くなりがちです。セクショナリズムで他部署に対して非協力的であったり、部署間コミュニケーション不足を招いたりしやすく、結果、組織全体の課題解決能力を低下させてしまいます。

そこで都庁において、**個別の政策やプロジェクト単位で複数の部局が協働する横串のチームを柔軟につくるべき**だと考えます。縦割りの壁を崩して課題に多視点で臨むことで効率のよいアプローチができ、組織としての強度も上がっていくことでしょう。一部の商社などでは、機能別組織と事業別組織を数年ごとに入れ替える再編を行い、揺さぶりをかけながら強い組織構造にしていく試みがなされていることも付記しておきたいと思います。

そこまでの大胆な変革は難しいにせよ、まずはプロジェクトごとに期間限定の横串組織を都庁内につくり、いずれは常設的な組織に発展させていく、といった形で段階を踏むのが現実的かもしれません。

増え続ける労働時間

3つ目の、都庁職員の働き方の問題について見ていきます。

小池氏が2016年の都知事選で掲げた公約「7つのゼロ」のうちの一つが「残業ゼロ」でしたが、現行の都職員1人当たりの月の平均残業時間は13・5時間（2015年度）

から16・8時間（2022年度）へとむしろ増加しています。

「週刊文春」にリークされた内部資料によると、都職員1人当たりの月の超過勤務時間数が多い部署は1位が財務局主計部の102・2時間、2位が教育庁グローバル人材育成部の89・5時間、3位がデジタルサービス局総務部の72・6時間……と労働基準法の上限45時間を大きく上回り、もはや過労死ラインです（2024年7月11日号）。

実際、私たちが実施したヒアリングでも「人が辞めていくのに伴って業務負担がどんどん重くなっている」という声が多数聞かれました。トップダウンで指示が下りてくる現場にかなりの負荷がかかっている、という実態が容易に見てとれます。

ヒアリングのなかで「知事の思いつきにエビデンスを付与するために奔走することで業務が増えている」という声も聞かれたように、労働時間増加の背景には、先に示した人事・評価の課題が絡んでいると考えられます。組織階層の深さが業務の非効率につながっていることはすでに指摘した通りです。

したがって、**評価制度改革や職員への権限移譲、横串組織の新設**によって労働時間の軽減をはかることは早急に取り組むべき改善策です。

無論、それだけでは十分とはいえないでしょう。思いつき的なトップダウンの指示に対してエビデンスを後付けするような業務は減らし、人的リソースの補強や配置の見直しについても真剣に検討すべきではないかと思います。

若手人材の流出が止まらない

4つ目の問題点が、現場の激務化とともに進行する若手人材の流出です。

とくに、将来有望と見込まれた幹部候補生が優先的に配属される官房系3局（政策企画局・財務局・総務局）で20代、30代の退職が相次いでいるといいます。前述のような職場環境の評判は、このSNS時代では瞬く間に広がっているのではないでしょうか。

その影響は採用面にも及んでいるとみられ、2024年の発表によると、同年度の職員全体の採用枠1226人に対し2993人が受験（前年度より299人減）。合格者数を1830人（前年度より462人増）にしているのはかなりの辞退者を想定してのことでしょう。つまり、倍率はわずか1・6倍、かつて都の職員採用試験の倍率は5倍超えもありましたから、若い世代の都庁離れは深刻化しているといえます。

Z世代はソーシャルグッド（社会に良い影響を与える活動）への関心が高いとされています。そういう意味で、社会貢献度が高い仕事に携われる都庁は公共への志の受け皿となるべき場ですが、入口で躊躇されてしまったり、離職の決断をされたりしてしまう現状には強い危機感を覚えます。

その要因として考えられるのは、**労働時間の長さや組織の風土の問題に加え、待遇面で民間企業との競争に負けている**ことが挙げられます。

リモートワークの可否、産休・育休の取りやすさ、さらに給与やキャリアパスの面でも、民間との差が明白です。公共性の高いやりがいのある仕事に取り組めるアドバンテージがあっても、30代の段階で年収ベースで同職種の民間企業と比べて数百万円もの開きが出てくると、働き手に相当な覚悟を要求することになってしまいます。

これは大きな課題ですが、都の職員の給与は地方公務員法に基づき、人事委員会の勧告と都議会の審議を経て都条例によって定められるため、一朝一夕に変えられるものではありません。長期的には是正に向けて動きつつ、短期的な次善策が必要でしょう。

一部の専門職に関しては、現在私がアドバイザーを務めている「GovTech東京」のような外郭団体が、民間との給与差を埋めるのに活用できる可能性があります。これは、東京都が100％出資し新設した一般財団法人で、都庁や都内の区市町村でDX推進を担う組織ですが、こうした外郭団体の活用によって、専門性の高い人材に民間並みの給与を払える可能性があるのです。

キャリアパスとして魅力的な場に

とくに若い世代から見たときに、キャリアパスの観点で都庁を魅力のある場に刷新していくことは喫緊の課題だと考えています。

現在の都の人事関連施策は、職員のキャリアパスという発想自体がなく、終身雇用を前提としたモデルになっています。しかし、民間の世界では、自分の価値を高めながら転職を繰り返していく傾向が強まっており、求職者の目線に立つと「ここで数年間働くことが自分の市場価値をどれほど上げるのか」が重要な判断基準の一つとなってきます。

例えば、**優秀な人材を集めた精鋭チームを都庁内に結成**し、社会的に目玉となる政策の実行部隊として、メディアでも取り上げられるようブランディングするのはどうでしょうか。そのチームで仕事をした実績が次の転職活動において大きなアピールポイントになるなら、たとえ数年間は給与が低くとも、優秀な若手人材が関わる動機になります。

人材をめぐる争奪戦は、これからますます激しくなります。国内の生産年齢人口は減っていき、企業内の人口ピラミッドもいびつになっていくため、民間企業はどこも、若者に選んでもらえるような組織になろうと必死です。都庁も、若い世代に魅力的な職場として選んでもらうにはどうすればいいかを真剣に考えなければなりません。

また、キャリアパスの観点から、民間企業との人材交流を深めることも必要でしょう。民間人材の都政への流入を促し、官と民の人材交流が進んでいくことには、大きなメリットがあります。

実は、2015年ごろから、国の大型政策に大手コンサルファームが入ることが多くなってきています。行政側の人材が不足しており、いわば外部委託しているわけですが、裏を返せば公共側の人材が大きな仕事の経験値を積む機会を逸しているともいえます。こうした状況が常態化すれば、官の政策・立案・実行能力はじり貧になってしまいます。

そこで、都ができる対策として、民間で鍛えられてきたスキルフルな人材を職員として採用し、都庁の組織や職員に知見が浸透するような動きを促すのが望ましいと考えます。ただし、年収差の壁があるので、民間の企業間で行われているような**レンタル移籍（企業間留学）**を実施してはどうでしょうか。

現在の企業に所属したまま、出向して都政の最前線で働いてもらう。行政側にとっては、民間の高度な課題解決能力や仕事の進め方を積極的に採り入れられる機会となるので、組織の意識改革や、業務の効率化が期待できます。

一方、都庁の職員にも民間の企業で働くという選択肢を提供します。とくに公共事業まわりの仕事をしてきた人材の知見は民間で大きく活きるでしょう。大企業においては、公共性・公平性が重視される社会事業が行われることも少なくありません。私自身、地銀のアドバイザリーボードに参加する機会がありますが、そこで議論されているのは、もはや自治体の行政サービスに近い論点であることが多い。昨今はＳＤＧｓをはじめ社会的な事業に対する企業の関心が高まっていますが、そこはまさに行政の経験値が必要とされる分野です。

民間との人材交流を通して成長機会を提供したり、職員が自身の価値を確認できる機会を提供したりすることは、優秀な人材を都庁につなぎ留めておくためにも有効な手立てとなるのではないでしょうか。

人材交流はすなわち知の交流でもあります。**民間の人材ネットワークと接続し、知の融合が進んでいくような施策を積極的に打ち出していく**べきだと思います。

ただし、官民の人事交流は、天下りや癒着といった問題の温床にもなりかねないため、情報公開の徹底が必要になってきます。都と民間企業の間でどういう人材交流が行われているのか、入札がどのように行われたか等のプロセスはつつみ隠さず公開する——ブラックボックスをなくしていくことが不正の抑止力になります。

行政に「ラディカル・トランスペアレンシー」を

ここで、前述してきたような組織改革においても、実際の行政運営においても大前提となる「情報公開のあり方」に関して、私の考えを示しておきたいと思います。

都政と都民とが信頼関係を築き、質の高いコミュニケーションをとるためには、透明性の高い情報公開が必要不可欠だと考えています。

まず重要なのは、**情報公開に対する行政側のマインドセットを変える**こと。

情報公開というと、「不正が暴かれる」とか「政策上の不備を指摘されるのではないか」といったネガティブな捉え方を行政サイドはしがちです。そのため、住民から請求されたら不都合な箇所は黒塗りしてしぶしぶ公開する、といった後ろ向きな姿勢になっています。

ですが、その考え方はもう古いと言わざるを得ません。令和の民主主義社会において、**「情報公開は自分たちのためにもなる」というマインドに刷新すべき**です。

スタートアップ界隈やＩＴ業界で数年前からよく語られるようになったホットなテーマに、**ラディカル・トランスペアレンシー**（Radical Transparency＝徹底した透明性）があります。簡潔にいえば、組織とその運営に関連する情報をオープンにし、内外のステークホルダーと共有すること。正確さと平等性を確保するためのオープンで正直な実践と信念を指しています。この「徹底した透明性」は今後のビジネスのトレンドに大きな影響を与えると考えられています。

これは世界的な環境意識の高まりとともに、消費者側が、その製品がつくられるプロセスのなかでの環境負荷（CO_2排出量や生態系への影響）や企業のガバナンスなどを、製品選択の判断に積極的に含めるようになってきたことが背景にあります。「その製品がいつ、どこで、誰によってつくられたのか」が明らかな**トレーサビリティ**（Traceability）が重視される流れになっているのです。

例えばサンフランシスコ発のD2C型アパレルブランド「エバーレーン」では、自社で製造・販売するすべての商品の原価に加え、生地やファスナーなどの素材、工場での人件費、関税、輸送費の内訳なども公表していますが、そうした「透明性」の姿勢が消費者から好感され、急成長を果たしています。

一般的にも、民間企業（とくに上場企業）では、有価証券報告書や統合報告書の作成・公表にあたって、リスクも含めた開示すべき情報の記述が不明確であると、投資家から厳しい指摘を受けることは避けられませんし、自社が有する価値をきちんと理解してもらうことができません。逆に、**透明性の高い資料を出せば、市場から適正に評価され、投資を**

受けやすくなり、株価も上がります。スタートアップにおいてとくにそれは顕著です。

オープンであること、知らせるべき情報について積極的にわかりやすく公開することは、自分たちにとって大きなメリットとして返ってくるのです。行政も、情報公開は前向きなコミュニケーションツールだと認識を改めるべきです。

行政が情報公開に積極的でないのは、「情報の非対称性」が権力の源泉になってきた背景があるのではないでしょうか。住民が知らないこと、行政だけが知っていることの水位差を巧みに利用して、公権力に有利な状況をつくろうとしてきたわけです。意思決定のプロセスが隠されたところにはさまざまな忖度が生じやすく、特定の業界団体や大企業との癒着につながります。民意に耳を傾け、住民全体に対する全体最適を図る姿勢とはほど遠いものです。

実際、行政の職員の側には情報公開へのインセンティブがほぼありません。各職員、各部署それぞれの周辺には複雑な利害関係が生じており、「隠しておきたいこと」があるのも事実です。特定の業界や議員のほうを向いて仕事をしている実態が露見してしまうことへの恐れもあるでしょう。

したがって、情報公開を進めるために率先して声をあげられるのは、おそらく都知事というトップしかいません。強いリーダーシップによって、情報公開を進めることで実は行政側にも大きなメリットがあることを職員に訴えていくしかないのです。

フェアで誠実な情報公開を行えば、住民からの質の高いフィードバックと支持を広く集められるでしょう。都民アンケートの結果を見ると「自分にできることがあるなら都政に積極的に協力したい」という方々がたくさんいます。積極的に情報公開することで、都民の目から見た改善策など多様なアイディアが集まるでしょうし、市民が参画しやすい行政のあり方は、当然都政に対する支持率の高さにもつながります。

情報公開のベースにある私のスタンスは、**「みんなでチェックしたほうが、バグ出しは早いよ」**というものです。市民の側は、バグを見つけたら「批判」したり「責任を問う」たりするのではなく、「どんどん改善していこうよ」と前向きな声をあげればいい。行政の側も、バグを指摘されたら動揺して自己保身に走るのではなく「是正・改善の機会をくれてありがとう」と応じればいいのです。そうやって小さな改善を高速で積み重ねていくことが、みんなが使いやすいシステムを構築する最短のルートなのだと思います。

そんな、双方の成熟性があってこそ、情報公開は民主的に正しく機能します。

具体的な運用にあたっては、都庁内でのさまざまな業務の過程や結果が、**基本的には自動的に公開されるようにシステム化**します（無論、プライバシーや人命にかかわる情報は非公開とします）。「公開する／しない」「関係者の確認をとる／とらない」といちいち精査していると、現実問題として何も進んでいかないでしょう。基本は都政に関連するすべての情報は、意思決定のプロセスも含めて自動公開。どうしても配慮が必要なものだけ伏せる、という考え方でよいと思います。

私が選挙期間中に行った、同様のシステムの構築に関しては次章で扱うこととします。

予算の闇を「可視化」であぶり出す

都政で透明性が低いがゆえに生じている一番の課題は、予算配分に対する都民の強い不信感でしょう。小池都政が48億円をかけた都庁のプロジェクション・マッピング事業が炎上したのは記憶に新しいですが、「不公平感が拭えない」「血税の無駄遣いではないか」という怨嗟の声が多く聞かれました。

都の予算配分問題についてもヒアリングを行いましたが、ある都議会議員から、東京都の約8・5兆円もの年間予算のうち、**議会で動かせるのはわずか200億円程度しかない**と聞きました。思わず「本当ですか？」と聞き返してしまいましたが、実質そのくらいで残りは利権構造でガチガチに固められていて、ほとんど動かしようがないとのことでした。

なぜ動かせないのか？　例えば、バス路線の見直しにメスを入れたとします。関連予算を減らすと、補助金によってかろうじて存続していた会社が次々と倒産します。似たような構造の業界が多数あって、結局は前年度を踏襲して同等の予算とする、ということになるようです。その歪みがいたるところに出ていて、結果、客観的に見るとかなりいびつな予算配分ができあがる、というわけです。

国政ではしばしば特定の業界と政治家との癒着が問題視されますが、都政ではやや事情が異なり、業界と都の担当職員がかなり密接な関係にあります。

例えば、林業の部署のある職員が、都の保安林の管理・保全の担当者として、都の地域森林計画にそって伐採や造林などを進めようとしている状況を想定してみましょう。もちろん業者に依頼する必要があるわけですが、長年の暗黙知がものをいう業務の性質上、新規参入には非常に高いハードルがあります。かつ、これまで委託してきた業者があり、予算を削ると倒産してしまうかもしれないとなれば、わざわざシビアに委託費を協議しようとは考えないでしょう。すると当事者にとっては癒着しているつもりはなくとも、外から見ると「なれ合い」の金額に見えてしまうかもしれません。

この種の問題は簡単に解決できるものではありませんが、これもやはり、「可視化」がファーストステップになると思います。

ある部門の特定の予算を動かすと都の計画が遂行できないなら、なぜそういう構造になっているのかを明らかにして、都民に公開すればいいのです。都民からは「そういう事情なら仕方がない」という納得の声が上がるかもしれませんし、逆に「だとしてもその金額はもう少しコストカットすべきだ」という声が出るかもしれません。どちらにしても、まずはオープンにして、民意に耳を傾けたうえで、総合的な判断をするのが望ましいでしょう。

可視化することのもう一つの狙いは、**「認知の問題」を解決する**ことです。都庁の業務は全体があまりに大きすぎるがゆえに、正当性を欠く予算の使われ方をしていないか、その金額に妥当性や公平性があるのかは、一人（や少人数）の人間の目で見極められるものではありません。「みんなの目でチェック」したほうが正確で速度も増します。

国政に対してはマスメディアが厳しい視線を注いでおり、第4権力としてのチェック機能をある程度は果たしていますが、これが都政となると、監視対象としての重要度は一気に下がります。小さな国家ほどの予算を動かしながらも、権力チェックが十分にはたらいていないのです。

情報の可視化が進めば、マスコミは都政の問題点をイシュー化しやすくなり、公益性に反する予算の使い方を是正する世論の動きが促されることにもなります。

行政手続きをDXでもっと簡単に

ここまでは「組織」の課題について触れてきました。では都庁の「組織」の土台が整ったとして、実際に都民の生活に直結する「行政サービス」の課題にどう取り組むべきなのか？　ここからはその改善策を示したいと思います。

小池都政では、行政手続きのうち94％のデジタル化が完了したと発表されています。この数値の具体的な算出方法は判然としないものの、都庁内においてDXの取り組みが一定程度は進展しているのでしょう。

しかし現実的には、市民に対する行政サービスのDXの余地はまだかなり残されています。行政手続きに関して、「行かせない」「書かせない」「待たせない」「迷わせない」という4つの方針でアップデートしようというのが私の考えです。

①行かせない

現在の行政手続きは、オンライン化やコンビニ対応などを通して利便性が向上しているものの、依然として役所まで足を運ばなければならないことも多くあります。また、役所でも「ここまでは1階で、ここからは4階でやってください」というように、手続きごとに場所が異なり、利用者が「ハシゴ」しなければならないこともよくあります。

手続きのオンライン化のさらなる推進とともに、区市町村との連携を含めたリモート窓口の整備を進め、スマホやパソコンだけで完結させられる領域をもっと拡大すべきです。

②書かせない

役所に行って何らかの手続きを行うとき、用紙に住所、氏名、電話番号などを書き込む作業を何度もさせられた、という経験のある人は多いのではないでしょうか。これをオンライン化して自宅で事前記入できるようにすれば、わからない情報があっても調べやすく、当日は記入済みの情報を連携するだけで済むようになります。

とはいえ、オンラインで事前記入できるようになったとしても、手続きごとにフォームへの記入を何度も求められるのは手間です。マイナンバーカードなどを活用して必要事項を正確かつ手軽に「自動入力」できるようにすると利便性が高まります。

将来的には、「対話型の入力システム」の活用も視野に入ってくるでしょう。AIからの質問に答えていけば自然と必要事項の記入が終わる、というイメージです。これにより、「どの欄にどんなことを書けばいいのかわからない」といったストレスは解消されることになります。

③待たせない

行政手続きを行うと、オフラインであれオンラインであれ、行政側からのリアクションを待つ時間はどうしても発生します。申請から2週間後に郵送で返事が来た、というようなこともよく起きています。

サービスを受ける側の立場としては、せめて、待ち時間を予見できることが望ましいでしょう。混雑状況のリアルタイム配信や、窓口のオンライン予約などの仕組みを積極的に導入していくべきです。

もちろん、待ち時間そのものを短縮するための努力もすべきで、そのためにはキャッシュレス化など手続きの簡便化を図ると同時に、内部事務のデジタル化などによる処理スピードの向上を図っていくことが必要です。

④迷わせない

引っ越しや結婚、出産、相続などのライフイベントに伴う諸手続きや、助成金の申請や各種証明書の発行等々、いざ手続きが必要となったときに「どうすればいいかわからない」と感じたことがある人は少なくないでしょう。その迷いの原因は、相談すべき窓口が手続きごとに細分化されていることです。

そこで、手続きを行いたい住民がワンストップで相談できるよう、窓口を一本化するのがよいと考えます。例えば「窓口くん」のようなＡＩアバターをつくり、住民からの「〇〇の手続きをしたいんだけど、どうしたらいい？」という質問に対して適切にガイドをしてくれる機能をもたせます。その場で（移動することもなく）必要な手続きが完結すれば理想的です。

近年は在日外国人の方も増えてきていて、そうした方たちへの窓口対応にかなりの時間を取られています。手続きの大半がオンライン上かアプリで完結すれば、職員の大幅な負担減になりますし、多言語対応の窓口案内ＡＩアバターを実装すれば、業務の効率化が促進されるでしょう。

行政サービスは「プル型」から「プッシュ型」へ

行政サービスの提供のあり方についても、根本から変えていく必要性があります。都が都民向けに実施している助成やサービスは数多くありますが、それらが十分に活用されているのか検証されなければなりません。

現在の仕組みは、都の広報やウェブサイトを見て、住民が自身に該当するサービスを選んだうえで都に申請を行う、いわゆる**「プル型」**と呼ばれるモデルです。都民が自分の使えるサービスを大量の情報の中から探しだし、申請の手続きをしなければならず、その存在にすら気づかないこともまま起こります。

私は、これからの都民への行政サービスの提供は「プッシュ型」に転換すべきだと考えています。

行政が有している住民票などのデータを使えば、「この人は〇〇の助成金を受け取る資格がある」ということはすぐ判別できます。**該当する住民に対して、都の側から「プッシュ型」で情報提供を行う**のです。

例えば、対象者のスマホやメールに「あなたは〇〇助成金の受給資格を満たしています」と通知を行います。住民がそれを開くと申請フォームが表示され（氏名や住所などの基本情報はすでに反映済み）、最低限の必要事項だけ記入して送信ボタンを押せば手続きが完了、といった具合です。

どんなにすばらしい政策を打ち出しても、それが必要とされている人のもとに届かなければ意味がありません。その点、プッシュ型への転換は、対象者の捕捉率が高く、政策の

図19　プッシュ型の行政サービス

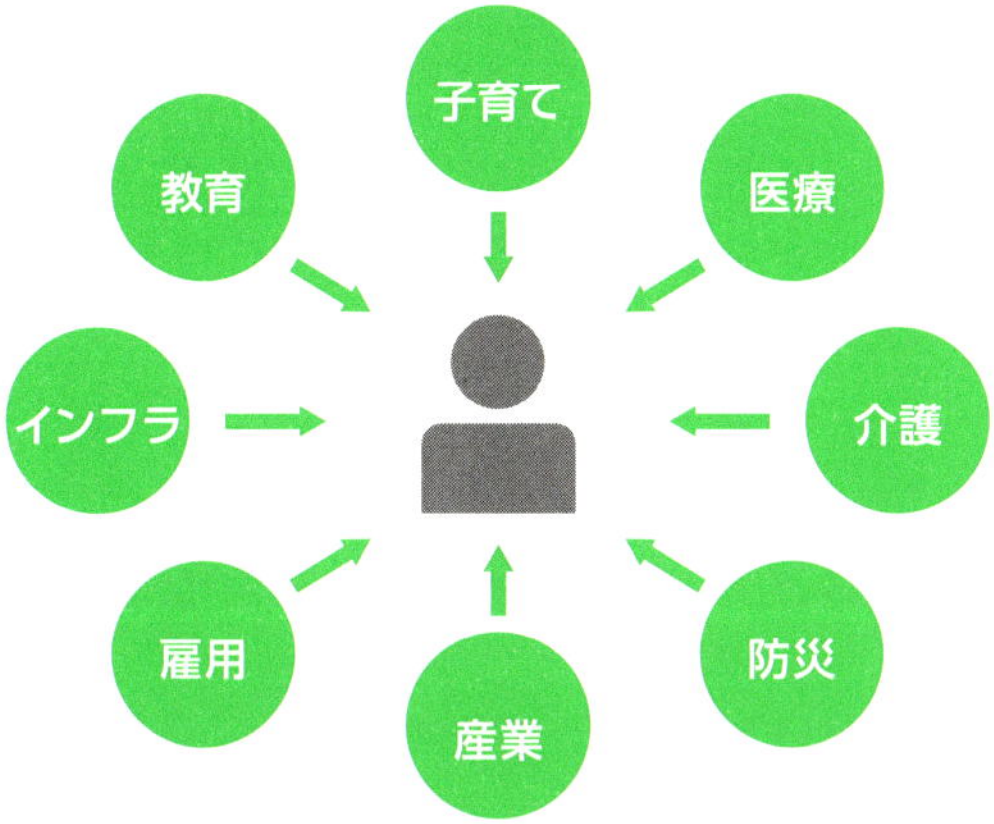

本人情報や事前に入力した興味・関心から
関連する政策をプッシュ型で提案

実効性を大きく向上させられます。

公共サービスは、手続きの簡便化が命です。

例えば東京都には「０１８サポート」と題された子ども手当の制度があり、子ども１人当たり月額５０００円が支給されますが、実際に受給するにはけっこう面倒な手続きが必要です。「選択肢が細かくてややこしい」「いくつも書類を用意して、何度も差し戻される」との声も多く聞かれます。

また、自分に申請資格があることを認識していながらも、面倒くささや心理的な抵抗感から、手続きしない人もいます。都から寄り添っていくプッシュ型のアプローチは、支援の枠組みから取りこぼされがちな人々の背中を押す役割も果たすでしょう。

今後は、マイナンバーと銀行口座の紐づけが進んでいくことが想定されますが、支援の内容によっては、**受給資格のある人へ申請なしで自動的に振り込むことも検討すべき**です。

オンラインを中心としたプッシュ型のサービス提供は、行政コストを下げる効果も期待できます。紙の申請書類を処理する作業や広報への投資を削減できるからです。

例えば都は、CO_2排出削減を掲げて、省エネ性能の高い家電製品に買い換えた都民に対して「東京ゼロエミポイント」を付与し、面倒な申請をクリアした人のみにポイント数に応じた商品券を交付する事業を行っていましたが（2024年9月までの付与方式）、こうしたポイント制やクーポン配布では、広報や中間業者の中抜きでコストがどんどん膨らんでしまいます。

施策にまつわる事務手続きをできるだけ簡略化し、税金を効率よく運用するという、行政側の意識改革が必要な部分でしょう。

デジタルリーダーシップが求められている

本章では行政の課題と改善策について多角的に見てきましたが、これらの政策実行には、トップがデジタルリーダーシップを発揮することが不可欠です。

どの民間企業の経営者も、ＤＸ化やＡＩの導入で何ができるのか、事業にどう生かせるのかについて日々情報収集し、研究を重ねています。当然、行政の長にもデジタル領域に対するリテラシーが求められています。必ずしも専門家である必要はないと思いますが、テクノロジーに対する一定以上の素養がなければ、デジタル技術を用いた社会課題の解決や、効率の良い行政サービス提供について、的確な政策を打ち出すことは難しいのではないでしょうか。

ソフトウェアの開発現場では、**「ある組織がつくり出すシステムは、組織そのものの形に影響を受ける」**といわれています（コンウェイの法則）。開発組織とそこでつくられるプロダクトは不可分である、という本質を突いた言葉です。

つまり、良いプロダクトをつくるには、まず良い組織をつくらねばなりません。組織のマネジメントに責任を負うのは、当然ながらトップです。

都政においても、組織マネジメントの観点から、「そもそもこの組織はなんのためにあるのか」を再確認し、時代に合った形で、職員が風通しよくインセンティブをもって働くことができる職場環境へと刷新していくべきでしょう。透明性を高め、積極的な情報提供とプッシュ型のサービス提供へ踏み出すことで、**市民に対して確かなバリューを出せる組織**へと生まれ変わることができます。

リーダーのビジョンに共鳴したモチベーションの高い組織か、漫然とルーティンを繰り返す組織かで、生み出すものの質も量もまったく異なってきます。

都庁の2万人もの優秀な職員たちが各人の力を発揮し、走り出したらどれほどの価値が都民にもたらされるか、東京のもつポテンシャルが目を覚ますか、想像してみてほしいと思います。

職員が十全に力を発揮できる環境を整え、心に火をつけるのは、リーダーシップをとるトップの仕事です。行政改革は実現可能なすぐそこにある道だと、私は信じています。

コラム

予算概算について

私は選挙候補者としては異例の「予算概算」を実施しました。選挙候補者は往々にして見栄えのいいマニフェストを掲げますが、その実現に必要な予算まで明示することはめったにありません。そこで、各政策に必要な予算を全て試算し、有権者に対してウェブサイトでオープンにしました。

マニフェストに掲げた政策の導入に初年度で必要となる予算は、**540億円程度**でまかなえると見込んでいます。ざっくり分野別にいうと、経済政策に32億円、医療・防災に275億円、子育て・教育に191億円、その他41億円となります。これは2024年度の都の年間予算約8・5兆円のわずか1％未満の金額です。運用のフェーズに移る2年目以降については約190億円と概算しています。

都の税収は2010年あたりから増加傾向が続いており、平均すると1年当たり約1600億円のペースで増加しています。経常収支比率等を考慮すると、都知事がある程度自由に使える予算は毎年373億円程度増加し続けることが見込まれます。初年度と2年目に追加で必要な予算は合計して約730億円、その間に予想される財源の増加は約７４６億円となることから、２年間にわたって段階的に実行することで、既存の予算配分にメスを入れずとも新規政策実現のための予算は十分に捻出可能です。

各施策にかかる導入と運用の予算は、ウェブで公開しているマニフェストの後半に詳細を記載しているので、興味のある方はそちらで確認してほしいと思います。

それぞれの概算は、自治体の予算編成に詳しいプロがリアルな相場感を踏まえて算出しています。例えば都立インターナショナルスクールの誘致に４億円という数字は、他の自治体でかかった費用を参考にしました。医療政策の目玉である、夜間・休日のオンライン診療システム開発コストに初年度45億円というのは、大規模システム開発時の一般的なコストとして、エンジニア50人×12カ月×平均単価１５０万円／人月＝９億円、セキュリティ関連費用２億円。都内で休日・全夜間診療を実施できる２４０の医療機関に対し、平均的に夜間オンライン勤務を行う人員を１名補充すると考えて、１４００万円（医師の平均的な年間給与）×２４０機関＝33・６億円。マージン等も勘案して計45億円が妥当、といった具合で算出しています。

無論、既存の予算を検証して、都民の暮らしに直結するとは考え難い施策の見直しを行い、テクノロジーの力を活用して行政事務の効率化を図ることで、ムダな予算の削減は大きく進むでしょう。

予算配分の私の考え方は、**「変化をもたらす領域」に優先的に投資する**こと。とくにDXやデジタル技術への投資は社会に対するインパクトが大きく、実装されれば現場の負担が大きく減り、受益者にとっても大きなメリットがあります。

無論、社会のセーフティネットやインフラ維持の支出など、なんでも「コスパ」で判断すべきではありませんが、**経営的な視点から見ても合理性のある支出になっているか、長期的なベネフィットを生むお金の使い方になっているか**を検証する姿勢は大切だと思っています。

また、都で開発したアプリやシステムといったデジタル資産は、少しアレンジすればグレーター東京圏である埼玉、千葉、神奈川でも横展開できます。東京という日本で一番豊かな財源をもっている都市だからこそ、積極的にデジタル公共財を開発して、他の自治体に配布していくという考え方があってよいと思います。

デジタル公共財の開発は、初期投資の何倍もの恩恵をこの国のさまざまな地域にもたらすことになるでしょう。本書の戦略は、変化の起点となるレバレッジが利く予算編成を強く意識したものとなっています。

第6章

デジタル民主主義で社会をアップデートする

Talking about Our 1% Revolution

「デジタル民主主義」で社会は変わる

ここからは「東京イノベーション」政策の最後の柱、「高速な民意反映」について記していきたいと思います。

出馬の起点にあった私の課題感として、シルバーデモクラシーの問題があったことは前述した通りです。少子高齢化が極端に進んだ社会では、仮に若者たち全員が選挙に行ったとしても多数派になることはできません。数のロジックではどうしたって負けてしまう。

19世紀の政治思想家アレクシ・ド・トクヴィルは、民主主義の欠点として「多数の暴政」（tyranny of majority）を挙げ、人々の関心が「いま・ここ」に集中しがちで視野も短期的になりやすいことを指摘していました（宇野重規『民主主義とは何か』）。

本来社会システムは、過去の失敗を乗り越えながら、なるべく間違った意思決定をしないようにアップデートしていくものです。民主主義のもつ根本的な弱点をどう克服するか――先の大戦の反省も踏まえさまざまな議論がなされてきましたが、人口ピラミッドがかつてないほどに歪《いびつ》になった超高齢化社会・日本において、意思決定が短期目線になってしまうことに対するストッパーが今ありません。

そこで私は、少数派の意見であっても、テクノロジーの力を使って政策に反映できる仕組みを構築できないだろうか、とずっと考えてきました。

〝デジタルで民主主義をアップデートする〟というと、冷ややかなまなざしを向けられることがあるのも確かです。「中二病っぽい」「頭がお花畑」という揶揄までありました。そう言いたくなってしまう背景には、かつての「失望感」があるのではないでしょうか。

歴史を振り返れば、1990年代にインターネットが普及し、**2000年代はネットの出現により民主主義が変わるという理想論がよく語られていました**。

例えば、2011年に刊行された東浩紀の『一般意志2・0』では、人々の無意識の意見のような「空気」を「技術的に可視化し、合意形成の基礎に据える」新しい民主主義のあり方が提唱されています。私も大いに影響を受けた一冊ですが、IT技術により、市民の声が政治により反映される社会を多くの人が期待したのです。

ところが、**2010年代はSNSのもつ負の側面が露わになり**ました。アラブの春、「ウォール街を占拠せよ」運動のような新しい民主主義の萌芽は一部で見られたものの、SNSは民主主義の合意形成の基盤となるどころか、誹謗中傷と陰謀論とフェイクニュースにあふれ、むしろ社会の分断を加速しました。

そんななかで、新型コロナウイルスの世界的な大流行が起こり、波乱の幕開けとなった

２０２０年代。市民は政府への不信感をつのらせ、各国が市民とのコミュニケーションに苦慮するなか、コロナウイルスの封じ込めに成功し、注目を集めたのが台湾の若きデジタル担当閣僚オードリー・タンでした。

台湾での成功の秘訣は、政府がデジタルを用いて徹底的に情報公開し、市民と政府が双方向で議論できる場をもつ**「デジタル民主主義」**でした。そこからデジタル民主主義はにわかに、現在の民主主義の欠点を補う新しい政治形態として、世界的な注目を集めることになったのです。

デジタル民主主義は、**テクノロジーの力によって、直接的で民主的な参加を拡大し、多様性のある社会への政治プロセスを実現しようという考え方**です。これは単なる政治プロセスのＤＸ化でもなければ、ＳＮＳの声を拾おうといった話でもありません。少数派も含めてより多くの人の声を反映した**「多元的な政治」**を目指す思想です。

オードリー・タンは、アメリカの経済学者グレン・ワイルとともに、「Plurality（多元性）」という概念を提唱しています。Pluralityとは、「社会的および文化的な違いを超えた協力を認識し、尊重し、力を与えるテクノロジー」であり、「世界に存在する多くの分断を克服できる」契機となる技術的なパラダイムシフトを指します。これは単なる理想論としての多様性ではなく、テクノロジーによる社会的協働の促進という、極めて具体的でテクニカルなアプローチである点に注目してください。

私も、さまざまな価値観の人がコラボレーションして社会を形作っていくうえで、デジタル技術が鍵になると考えています。２０１０年代にデジタルが期待された変革を起こせなかったのは、ＡＩ技術がミッシング・ピースだったのではないか――テクノロジーが飛躍的に進展しつつある今、物理的な認知の限界を突破して、民主主義というシステムをアップデートできる最適解がこの道筋にはあるのではないか、と考えています。

本章ではデジタル民主主義をめぐる考えとともに、都知事選で実際に行った挑戦を紹介したいと思います。

ブロードリスニングの革新性

デジタル民主主義の中核をなすのが**「ブロードリスニング」**です。この言葉は１人の声（政治家）を多数へ発信する従来型のコミュニケーション「ブロードキャスト」の対義語であり、「民衆の声に幅広く耳を傾ける」ことを意味します（図20参照）。

私はこれを「聴く」「磨く」「伝える」の３つの要素に切り分けて実装しようとしました。

まず概略から説明しましょう。

図 20　ブロードキャストからブロードリスニングへ

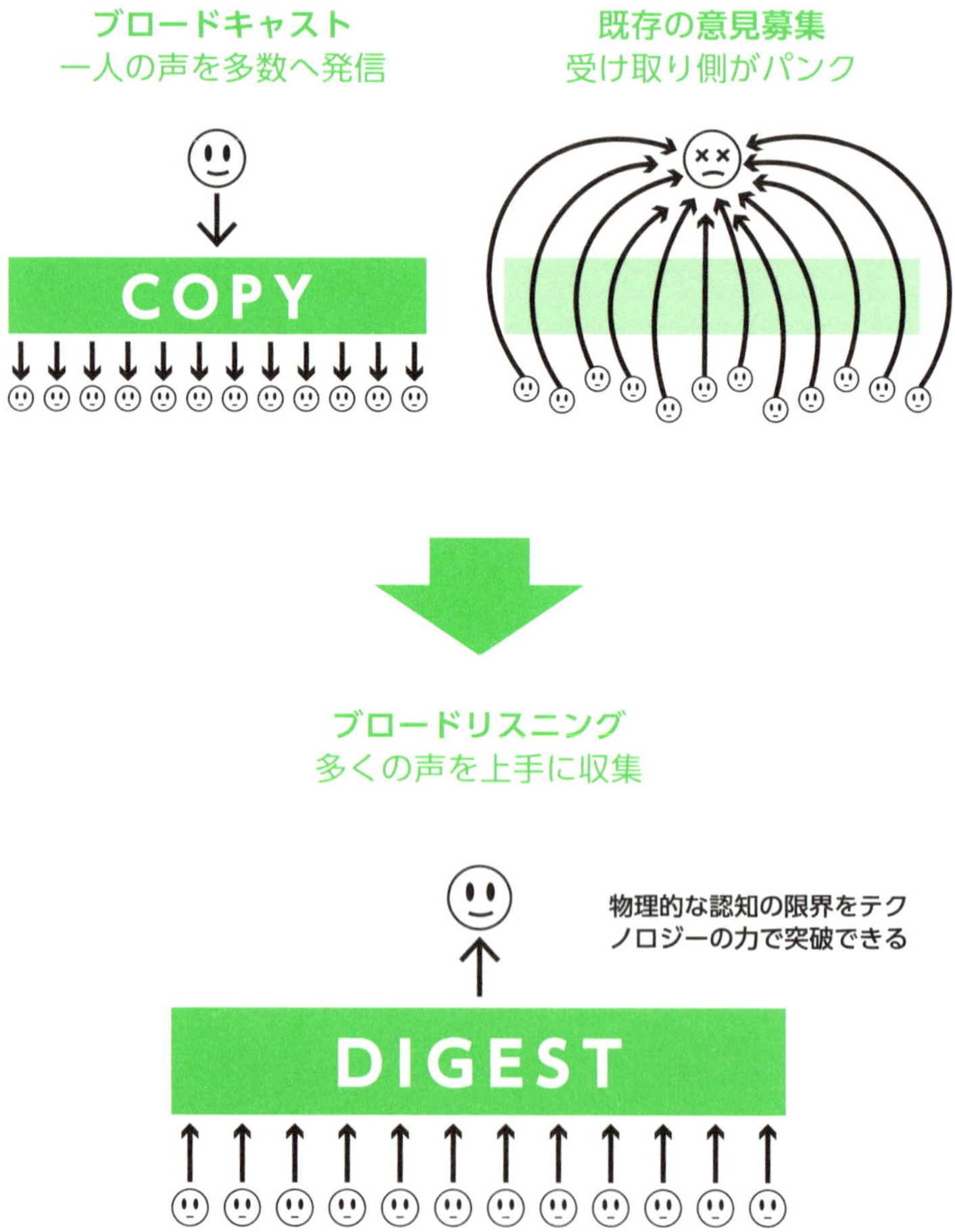

・「聴く」……膨大かつ多様な意見を収集し、自動的に要約・可視化する〝受信〟のアップデートを図ること。
・「磨く」……可視化された意見をもとにオープンに議論を行い、賛同が多く集まったものや実現可能なものについて、政策（案）に反映させること。
・「伝える」……議論の過程や政策の結果などについて、わかりやすく発信・公開すること。

これが安野流のブロードリスニングの基本的な骨格となります。

1つ目の「聴く」フェーズの主眼は、民衆が発する批判や要望、提案などを行政機関が受け取る機能を強化することです。

「都民生活に関する世論調査」（2023年度版）によれば、これからの都政の進め方に対してとくに望むこととして最も多く選ばれた回答が**「都民の意見や要望をよく知る」**でした。都民の多くが、自分の声が都政に届かないことに不満を感じているのです。

「都民の声総合窓口」という窓口はあるものの、意見を伝えたところで、それがどのように処理されているのかは見えませんし、政策の検討に活かされている実感もありません。

一方で、東京のような巨大都市において、一つひとつの意見に対応しようとすれば、都庁がパンクしてしまうのは至極当然の話です。

しかし、ＡＩの活用によって多様な人々の声を吸い上げ、高速で可視化する仕組みは構築可能です。

私たちが試みた具体的な実践としては次のような流れです。

最も活発に意見が発信される場であるＳＮＳを対象とし、そこに投稿された政策への要望や提言などを取得。**収集された大量のテキストデータをＡＩで解析**します。近年の自然言語処理ではテキストを数値の配列（ベクトル）で表現することができるため、似たような意味をもつ言葉のグループを抽出したり、強弱をつけてビジュアライズすることができます。

その一例が図21です。これは、私が前安芸高田市長の石丸伸二氏と対談したYouTubeの動画についた数千件ものコメントを可視化したものです。大きく表示された文言はそれだけ同種の意見が多かったことを意味しており、「石丸氏への支持のほうが優勢だ」「若い世代の政治参加は必要」「2人はむしろ協力すべきではないか」といった声が挙がっていることがわかります。また、それぞれの意見の上にカーソルを合わせれば、もとの個別のコメントも表示させることができます。

図21　数千件のコメントをAIで可視化

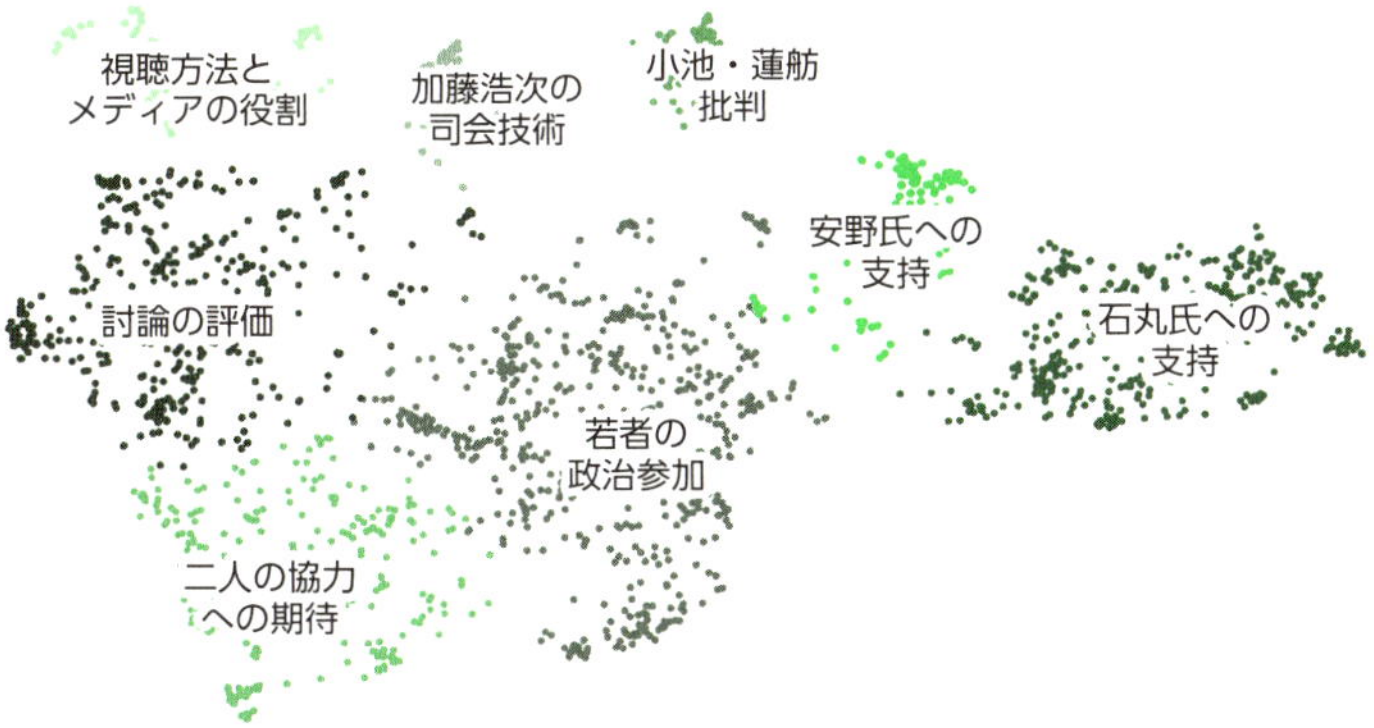

石丸伸二氏と対談したYouTubeの動画についた数千件のコメントをテーマごとに分類したビジュアルマップ

私が一つひとつのコメントすべてに目を通すのは現実的に難しいですが、こうした技術を使えば、**世間の人たちが何に関心があり、どんな声を挙げているのか、概要を捉えられる**わけです。

解析に用いたのは、海外で公開されているオープンソースの技術です。日本語でも使えるように手を加えてはいるものの、利用がものすごく大変なわけではありません。また、技術的な詳細はnote上で公開済みなので、同様のことはどなたでもできる状態となっています。

もちろんYouTubeのコメントだけでなく、Xなど他のSNSでのコメントを解析対象とすることもできます。都知事選の際はハッシュタグ「#TOKYOAI」を付けてもらうことを有権者の方にお願いしました（このハッシュタグが付いた投稿はすべて自動的に解析対象に含まれる）。

　この技術を使って、２０２４年の衆議院選挙では、日本テレビの選挙特番にチーム安野が協力するかたちで、ＳＮＳに溢れた大量の声を解析して人々の関心がどこにあるかを可視化しました。また、２０２４年には東京都でも同様の手法が採用され、ハッシュタグ「＃シン東京２０５０」というタグでみんなが思う２０５０年の東京について意見募集がされました。

　もちろん、こうして得られた情報はあくまで世論の一部であり、これがそのまま民意だとはいえませんし、この結果のみに基づいて意思決定することもできません。インターネット利用率の低い属性の方の声をどう反映するかなど、課題も残っています。それでも、「都民の声総合窓口」などごく限られた方法でしか都政に対する意見表明をできず、また自らの声がどういう形で活用されているかもわかりづらい現状に比べれば、大きな前進といえると思います。

　ブロードリスニング型の選挙活動への転換により選挙は、候補者の訴えをただ一方的に聞く機会から、「みんなでより良い未来を考える」という政治参画の機会へと大きく変化するのです。

都民の声で政策を「磨く」

都民の声を「聴く（受信する）」システムの構築と並行して考えたのは、それを政策へと反映する仕組みづくりです。検討不十分な点がある政策を、都民の皆さんからのフィードバックで「磨く」場が必要だと考えました。

議論のプラットフォームとして、**GitHub《ギットハブ》というサービス上に「安野たかひろ：都知事選マニフェスト」と題したオープンソースプロジェクト**を立ち上げました。簡単にいえばウェブ上の掲示板のうえで安野陣営が公開していたマニフェストに対して、誰でも自由に**課題提起**（Issue）や**変更提案**（Pull Request）をできる仕組みです。

ただ、この手の一般に開かれたサービスでは「荒れる」事態も起こりがちです。そこで、AIを活用してヘイトスピーチなどの攻撃的な発言や不適切な画像などを自動的に弾くフィルタリングを行いました。また、すでに行われた議論が（それに気づいていない人によって）繰り返される議論の重複を防ぐために、同種の議論がすでに行われたことをユーザーに知らせ、当該箇所に誘導するシステムも導入。これらの試みはAIによるファシリテーションのはしりであり、AIの能力向上に従って、このようなコミュニケーションは当たり前になると思っています。

こうした環境を整えたうえで、次の5つの書き込みのルールを設定しました。

・お互いに敬意をもったコミュニケーション。
・建設的な議論。
・わかりやすく簡潔な表現で。
・情報共有は、信頼性のあるデータや引用元を明示。
・議論は適切なイシューやプルリクエストで。

選挙戦期間中の17日間で、寄せられた意見は課題提起が232件、変更提案は104件に上りました。変更提案に関しては72件が採用され、マニフェストにも反映されました。言い換えれば、選挙期間中にマニフェストが72回もバージョンアップされたわけです。

実際に採り入れた政策の具体例を一部紹介しましょう。

1つ目は、教育費の助成にかかる所得制限の撤廃です。第3章で触れた通り、都では家計における教育費の負担割合が非常に高く、そのことが若い世代の産み控え、すなわち少子化の大きな要因の一つとなっています。私たちも教育費の助成を行うべきとマニフェストに掲げていましたが、当初の案には所得制限を設けていました。GitHub上に「教育費助成に所得制限は不要ではないか」との声が多く寄せられたことを受け、あらためて検討したところ、財源については問題ないことがわかりました。また、行政職員経験者へのヒアリングを行い、「所得制限があることで事務作業がかなり煩雑化する」という現場の実態を知りました。年収を証明する煩雑な手続きで申請を諦めてしまう人も出てくる恐れから「所得制限は撤廃」という方針に転換することにしました。

2つ目は、HPVワクチン（ヒトパピローマウイルスワクチン）接種の助成に関する政策です。HPVとは子宮頸がんの原因となるウイルスで、東京都には、女性が感染予防のワクチンを接種する際に助成を受けられる制度がすでにあります。これに関連して「男性が接種を受ける際にも助成を受けられるようにするべきだ」との意見が寄せられました。

調べてみると、HPVは子宮頸がんのみならず、中咽頭がんや肛門がん、尖圭コンジローマなどの疾患の原因になるとされており、かつ主に性行為によって感染するため、男性にとってもワクチン接種の意義が大きいことがわかりました。しかし、都の現行制度では男性のHPVワクチン接種は全額負担となっています（費用は5万〜6万円。助成のある区もある）。私たちは、都として男性のHPVワクチン接種に助成を行うことは長期的には医療費の削減につながると判断し、マニフェストに新たな項目として盛り込みました。

ここに書いたのはほんの一例ですが、批判も覚悟で**議論の場を見える化し、政策のアップデートを重ねていくことは新しい民主主義の形として必要**だという仮説がありました。

政治の世界では、一度公表した政策を変更することは良しとされていません。「信念がない」「すぐにブレる」といった批判にさらされるからでしょう。ただそうすると、他の考慮すべきファクターが出てきても、選挙は候補者がひたすら自身の正しさを擁護・主張し、対立候補の欠点を過剰に攻撃する場になってしまう可能性があります。**主張の訂正可能性があることで、政治の分断を緩和できる可能性があるのではないか**とも考えたのです。

チーム安野は都知事選に臨んで、私たちなりに考えを尽くしてマニフェストをつくりましたが、都民の意見を広く受け付け、議論が深まる場を立ち上げ、市民と共にマニフェストに磨きをかけていく道を選びました。

実はこのGitHub上での公開議論というアイディアは、私の2社目のスタートアップ「MNTSQ《モンテスキュー》」で会社のマニフェストをつくる際、GitHub上でみんなが意見を交わしながらまとめ上げていく手法を採ったことにルーツがあります。こうしたオープンソース的な開発によって組織の向かうべき方向性を見いだすことができる、という手応えを得た経験が、都知事選における「磨く」仕組みにつながりました。

マニフェストに対してさまざまな指摘をいただきましたが、「修正するのは恥ずかしい」という感覚は私には一切ありませんでした。むしろ政策をブラッシュアップできるチャンスであり、改善の提案をしてくださった方々には感謝の気持ちしかありません。どんな政治家であっても自分たちの見えている世界には限りがあります。その外からの声や知恵をいかに集め活かすかはとても重要だと考えています。

望ましいと思われる打ち手の仮説を立て、市場のリアリティに触れて走りながら修正を加えていくやり方は、スタートアップ的なアプローチです。フィードバックを受けて高速で修正を重ねていくのは、ソフトウェア開発の手法にも似ているでしょう。

実はソフトウェアの設計品質において、**変更容易性**（EoC=Ease of Changing）は最優先項目の一つです。作成したモジュールが変更しやすいかどうかを示す指標で、変化が予測できない時代に、どれだけユーザーの声を受けて柔軟にアップデートできるかは、そのままソフトウェアのクオリティに直結するのです。

私はマニフェストもまた、初期バージョンに固執せず、市民とともに改善を重ねていくことが重要だと考えています。

スピードに最適化したチームビルディング

ここで、「チーム安野」の組織マネジメントにも少し触れたいと思います。

私が都知事選への出馬の意思をはっきりと固めたのは、2024年5月中旬のこと。当初は5～6人程度のチームでしたが、6月6日の出馬表明の記者会見を境に協力を申し出てくれるメンバーが急増し、2週間後には50人ほどのチームが組織されていました。このチーム安野の力を結集して、猛烈なスピードでマニフェストの原案を作成、6月20日の告示日を迎えました。

チーム安野は、エンジニア仲間、コンサルティング会社時代の仲間、学生時代の仲間という3つのグループに、それぞれの知人が加わって構成されています。メンバーの背景は、元官僚、自治体職員の経験者、元都議会議員、ベンチャーキャピタル、医療DXのプロ、大手IT企業社員、教育施策に強いコンサル、デザイン領域やSNSマーケティング領域の専門家などで、多種多様な知見を有したスペシャリストが集結してくれました。私の信頼する人たちが、その人がまた信頼する人に声をかけるという良いスパイラルでメンバーが増えていったのです。

ただ、この急ごしらえのチームのメンバーは、年齢でいえば20歳から40代後半とバラバラで、互いの面識も限られており、職種も強みとなる領域もかなり異なっていました。ほとんどの人が選挙に関わった経験もありませんでした。私に共感して集まってくれた仲間とはいえ、センシティブな政治的イシューについて日々議論を交わすとなると、いずれ衝突や混乱が起こるであろうことは容易に想像がつきました。

そこで私は、7項目からなる「運営指針」を定めてメンバーにお願いをしました。

1つ目は、**「スピードに最適化する」**。すでに投開票日まで1カ月を切っていたので、速度こそ最重視すべきと考えました。2つ目以降の指針も、その多くがスピードとリスクのバランスを取るためのものとなっています。

2つ目は、**「一定のリスクを負うことはやむを得ない」**。スピードを優先すれば、当然、完成度は下がります。それをある程度は許容するというスタンスを明確にしました。

3つ目は、**「全員の合意形成は目指さない」**。時間的な余裕があるなら全員の納得を得るまでコミュニケーションを尽くしますが、短期決戦で結果を出さなければならない〝戦時のオペレーション〟として、あえて納得や合意への努力を捨てました。もちろん、メンバーからの意見は歓迎しますが、それを採用するか否かはあくまでリーダーである私が判断することを明言。対外的な発言や言動の責任は、すべて私が負うことを約束しました。

4つ目は、**「お互いにリスペクトする」**。バックグラウンドが異なるメンバーが、価値観の相違が浮き彫りになりやすいテーマで議論し合うため、言葉尻一つでトラブルに発展する可能性もありました。無用な対立を回避するためにも、互いに敬意をはらうことを再確認しました。

5つ目は、**「ボトムアップで動く」**。私が直接、十分なマネジメントはできないであろうことをあらかじめ宣言し、そのうえで個々のメンバーに的確なタスクの切り分けと遂行を託しました。もし宙に浮いている課題を見つけたら、自ら率先して解決に向けて動いてほしいとお願いしました。

6つ目は、**「法令遵守」**。リスクを取るとはいったものの、無論、法令違反やヘイトスピーチなどの越えてはいけないラインは絶対に守るよう要請しました。

最後の7つ目は、**「健康第一」**。とくにリーダーレベルのメンバーにはかなりの負荷がかかることが予想されたため、くれぐれも健康第一でプロジェクトに当たってほしいことを伝えました。

この「運営指針」には、短期で事業を軌道にのせることが求められるスタートアップの経験が大いに生かされていると思います。

スタートアップ業界には**「人よりコトに当たる」というカルチャー**があります。何らかの問題が起きたとき、誰かを責める暇があったら、自らが動きすぐ問題解決に向き合う。全員で小さな船に乗り合っているという感覚があるから、非生産的な罵り合いなどにエネルギーを使わず、進むべき最善のルートを見いだすことに集中するのです。

私たちは、チーム内だけでなく、他陣営に対しても足の引っ張り合いは行わないという方針を貫きました。選挙戦は票の奪い合いなので、他の候補者の粗探しをして相手の評価を下げる行動に走りがちですが、チーム安野では他陣営の攻撃や揚げ足とりは慎むこととし、支持者たちにも同様のお願いをしました。これはもちろん、政策議論において必要な問題提起や、意味のある批判まで控えることを意味しません。チーム運営で徹底した「リスペクト」をここでも重視し、適切な表現と場面で伝えることで、他候補とも有意義な関係を構築できると考え、チーム全体で実行していきました。

こうした価値観を共有できるチームだったからこそ、デジタル民主主義の精神を体現する選挙戦が展開できたのだと思います。

絶望から始まった「ポスター貼り」

都知事選の際、デジタル技術でアップデートできたことの一つに「ポスター貼り」があります。

都内に設けられた掲示板は、約1万4000カ所。そのすべてに自分のポスターを掲示するのは自力ではどう考えても不可能で、最初は妻の里奈と、「お互い100枚ずつはなんとかしよう」などと話し合っていました。

驚いたのが、**都の選挙管理委員会から提供される掲示板の位置情報が、データではなく、紙のリストだった**ことです。せめてフォーマットが統一されていればデータ化の道筋をつけやすかったのですが、市区町村によって仕様が異なっており、絶望的な気持ちになりました（ちなみに宇都宮市では掲示板の位置情報はデジタルデータで候補者に提供されているので、東京都も見習ってほしいものです）。

地盤か資金力のある候補者なら、組織の力で人海戦術を駆使したりポスター貼りの業者に委託することができます（その場合、約1000万円かかります）、私のような新参の〝持たざる候補者〟にとっては途轍もなく高いハードルです。こうしたところにも参入障壁があるのかと歯がみしました。

幸い、ボランティアを募ったところ1000名を超える方々が手を上げてくれました。ただ、都内各地で効率的に活動してもらうためには、ボランティアが自律的にポスター貼りを展開できる仕組みづくりは必須でした。

そこでまず、紙のリストを1枚ずつスキャンして画像データに変換し、生成ＡＩを使って画像から住所情報を抽出し、Excelにまとめました。さらにその住所データを正確な位置を示す緯度・経度の座標に変換し、すべての掲示板の位置情報を落とし込んだ「選挙ポスターマップ」を作成・公開しました。

当初は、ポスター貼付の報告をＬＩＮＥで受けるたびに、ボランティアスタッフが一つひとつマップに印をつける作業を行っていました。しかし、ポスター貼りのペースが上がっていくにしたがって、手作業では追いつかなくなってきました。位置情報のズレも多発し、その修正にも追われることになりました。

そこで行ったのが「マップの自前作成」です。チームのエンジニアが自主的にマップのプロトタイプを開発していたのですが、いくつかのテストで機能を検証したところ、そのまま実戦投入ができるとわかり、すぐリリースすることができたのです。**新マップではＬＩＮＥからの報告がほぼリアルタイムで、自動的に反映されるシステム**にできたため、一気に効率化されました。

さらに、「完了率（全域）」と「凡例（市区町村ごとの完了率を色分けしたもの）」を表示する機能も実装。どの地域ではポスター貼付が進んでいて、どの地域では進んでいないのかが一目瞭然となりました（図22参照）。

図 22　ポスター貼りの効率を高めた新マップ

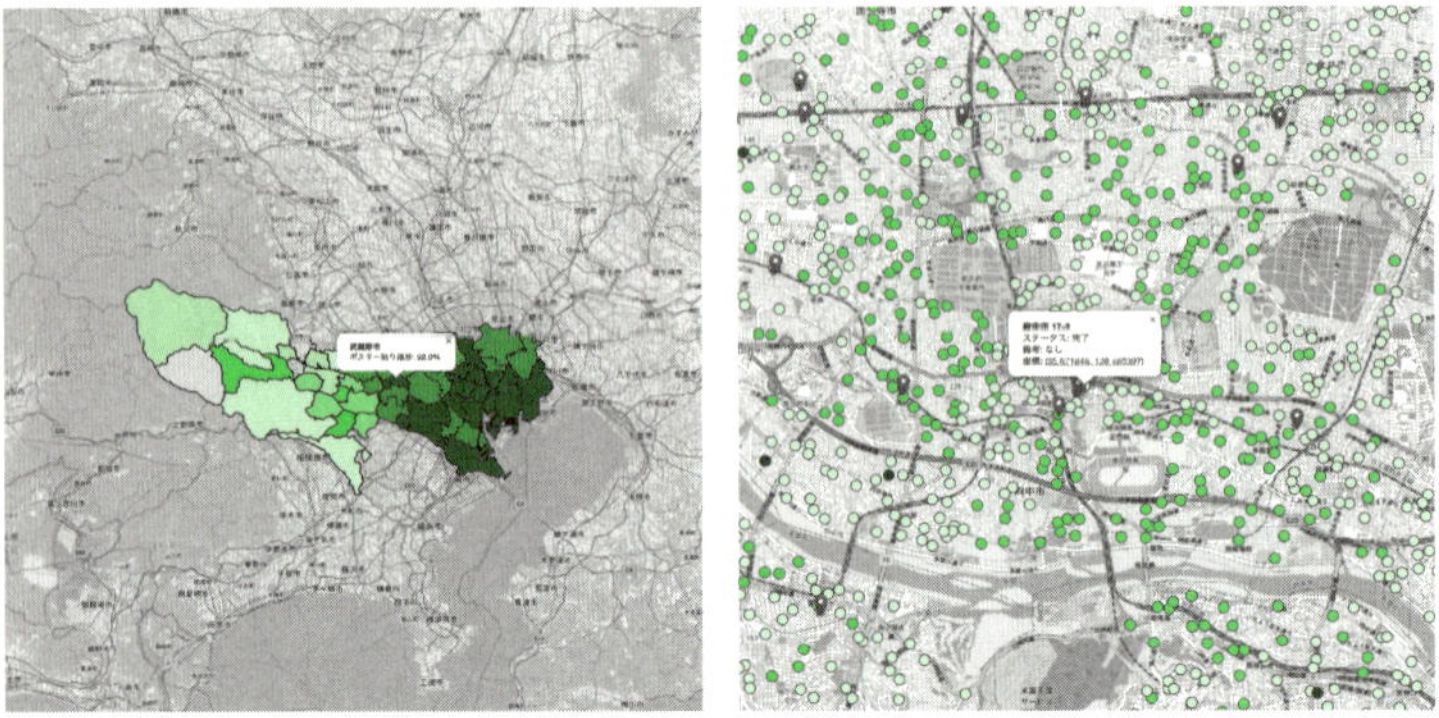

ボランティアの人たちがポスター貼りを行いやすくなるシステムを開発チームが構築。
最新のポスター貼り状況がリアルタイムで確認できるようになった

こうして、当初は絶望的と思われた1万4000カ所への100％貼付に希望が見え始めました。ボランティアの方々は、徐々に上がっていく完了率の数字を励みに、お互いに連携を取り合って進捗の良くない地域へ足を運んでくださいました。

最後の1枚は、伊豆諸島の新島——。

ボランティアスタッフがフェリーで新島まで赴き、ラストの一枚を掲示板に貼りつけてくれた瞬間は選挙演説中でした。すぐに電話をつないで演説を聞いていただいていた方々と音声を共有し、みんなで完遂の喜びを分かち合いました。忘れもしないその瞬間は、投票日の前日、7月6日のことでした。

テクノロジーを活用することで個々の主体的な行動が促され、リソースが限られていた弱小

集団でも巨大な組織と同等の成果を達成できたのです。その意味で、安野陣営のポスター貼りへの挑戦は、まさしくデジタルテクノロジーの力の証左ともなりました。

ここで紹介したような進捗をマップで管理する手法は、教育や福祉や環境保全など地域で広範囲に実施する施策においても、応用できる可能性があるでしょう。もちろんソースコードはウェブで公開しているので、ぜひ活用していただけたらと思います。

有権者からの質問に答え続けた「AIあんの」

さて、「聴く」「磨く」に続いて、「伝える」方法論のアップデートも欠かせません。新しい「伝える」の形を模索するための取り組みもいくつか実践しました。

まず**「即時性」**。先にも触れたGitHub上での議論を経て、ある政策案に対する変更決定をGitHub上で行うと、私の公式HP上にあるマニフェストの該当箇所が即座に自動的に書き換えられる仕組みにしました。選挙期間中に大量のアップデートを行いましたが、そのたびにHPの更新作業をする必要はありませんでした。

もう一つの実践は、**「AIあんの」**です。私の政策や考え方を学習したAIが、都民の皆さんからの質問に自動的に回答するシステムです。

用意したチャネルは、YouTubeと電話の2つ。YouTubeではライブ配信機能を使い、チャットに寄せられた視聴者からの質問に対し、24時間私のアバターが回答する形で運用しました。質問者と「AIあんの」のやりとりを多くの方が同時視聴している構図は、さながらタウンミーティングでした。参加者は好きな時間にアクセスできますし、たくさんの共同参加者がいるため、周りの質問を参考に自分の質問を考えられます。また質問せずとも、別の参加者からの質問に対する回答を聞くだけでも面白く思ってもらえたようです。人間よりも、AIに対するほうがまだ意見が言いやすいという反応もありました。また、当然ながら私のアバターは疲れをみせることなく回答し続けており、このチャネルがコミュニケーションの場として機能したことは一つの収穫でした。

電話のほうは、指定された番号にかけると「AIあんの」が電話に出て、質問されたことに答える方式で、12日間で1200件の応答をしました。インターネットに馴染みのない層にも一定数利用いただけたのではないでしょうか。YouTube上では16日間で7400件、**合計で8600件ほどの質問に回答した**ことになります。

AIがすべての質問に答えられたわけではなく、有効回答率は77%(つまり質問自体は1万1000件以上寄せられたことになります)でしたが、生身の私が選挙期間中に8600件もの質問に答えるのは不可能なので、「AIあんの」がいてくれたおかげで多くの有権者の疑問の解消に役立ったと思います。

この「ＡＩあんの」というアプローチは、私が１社目のスタートアップでＡＩのチャットボットの仕組みをコールセンター向けに提供した経験に着想を得ています。ＡＩで答えられることはＡＩが答え、難しいものにだけ人間が対応する――そのデータを蓄積していながら日々ＡＩをチューニングし続けるやり方は、いろいろなところで応用できると思っていたのです。

ただ、「ＡＩあんの」の運用に際しては、一定のリスクがあったのも事実です。私の意図に反して他の候補者を貶めるような発言をする可能性はゼロではなかったですし、誤った答えを伝えてしまう可能性もありました。

その対策として、他の候補者に関する質問や、都政とは関係のない話題に関する質問がなされた場合は「学習中ですので答えられません」という言い回しで回答するようにしました。いわばＡＩにとってのガードレールを用意したのです。一方、誤答に関しては、完全に防ぎきることはできませんでした。

ＡＩが事実に基づかない情報を生成することを「ハルシネーション」と呼びますが、現在の技術ではそれをゼロにすることは困難です。「ＡＩあんの」の使用上の注意として、答えのすべてが正しいわけではないことを明記しておきましたが、実際に数％程度のハルシネーションは起きていました。

これは今後も技術的なアップデートが求められる部分ですが、そんな**デメリットを差し引いても、多くの人に効率的に私の政策を伝えられるメリットは大きかった**と思います。

対話のログデータの解析も重要です。質問が多い分野はそれだけ有権者の関心が高いことを意味し、どのような要望を抱えているのかもデータから浮かび上がる場合があります。

そのデータを可視化して政策を磨くのに活用したことは言うまでもありません。

「聴く」「磨く」「伝える」を都政へ

ここまで、都知事選での実践例を中心に書いてきましたが、これらの方法論は選挙以外の場面でも使っています。例えば、普段の都政においても積極的に活用されるべきです。

「聴く」に関しては、**都民が意見を表明する際のハードルを下げる**ことがまず必要です。例えば、何か思いついたときにＬＩＮＥでメッセージを送るだけ、ＳＮＳに投稿するだけで行政の担当者に集約されたら便利です。アプリなどを通じて、プッシュ型のアンケートを実施するのも有効でしょう。

これはとくに、重大イシューが発生したときに活用するとよいと考えてます。コロナ禍の真っ只中で「東京オリンピックを開催すべきか否か」というテーマが浮上しましたが、都民は明確に意思を示す手立てがありませんでした。重要な社会的イシューが生じたときに、都のアプリを通じて都民の端末にプッシュ通知を送り、アンケートに答えてもらってはどうでしょうか。前述のようにAIでテキストを解析できるので、YES／NOの二択だけではなく、テキストでの回答も受け付ける仕組みにすることも可能です。そうすることで、**単純な二択ではない第三の解**がもたらされる可能性も高まります。

アンケート結果に法的な強制力はないものの、直近の民意として、都知事や都議会は意思決定を下す際の重要な材料にすべきでしょう。アンケートは有名無実化させないよう必ず結果を公表するとともに、最大限尊重する「努力義務」を首長や議会に課す条例を制定することも、選択肢の一つだと思います。

台湾には「Join」という、政府主導でつくられた市民参加型の行政プラットフォームが存在しますが、そこでは**提案から60日以内に5000人以上の賛同者を集めた法律案については、政府が公式回答しなければならない**ことになっています。台湾の国籍をもつか、居住許可をもつ人なら誰でも投稿可能で、興味深いことにここで最もアクティブに活動しているのは15歳前後と65歳前後です（オードリー・タン『まだ誰も見たことのない「未来」の話をしよう』）。

図23 「聴く」「磨く」「伝える」のサイクルを高速に回す

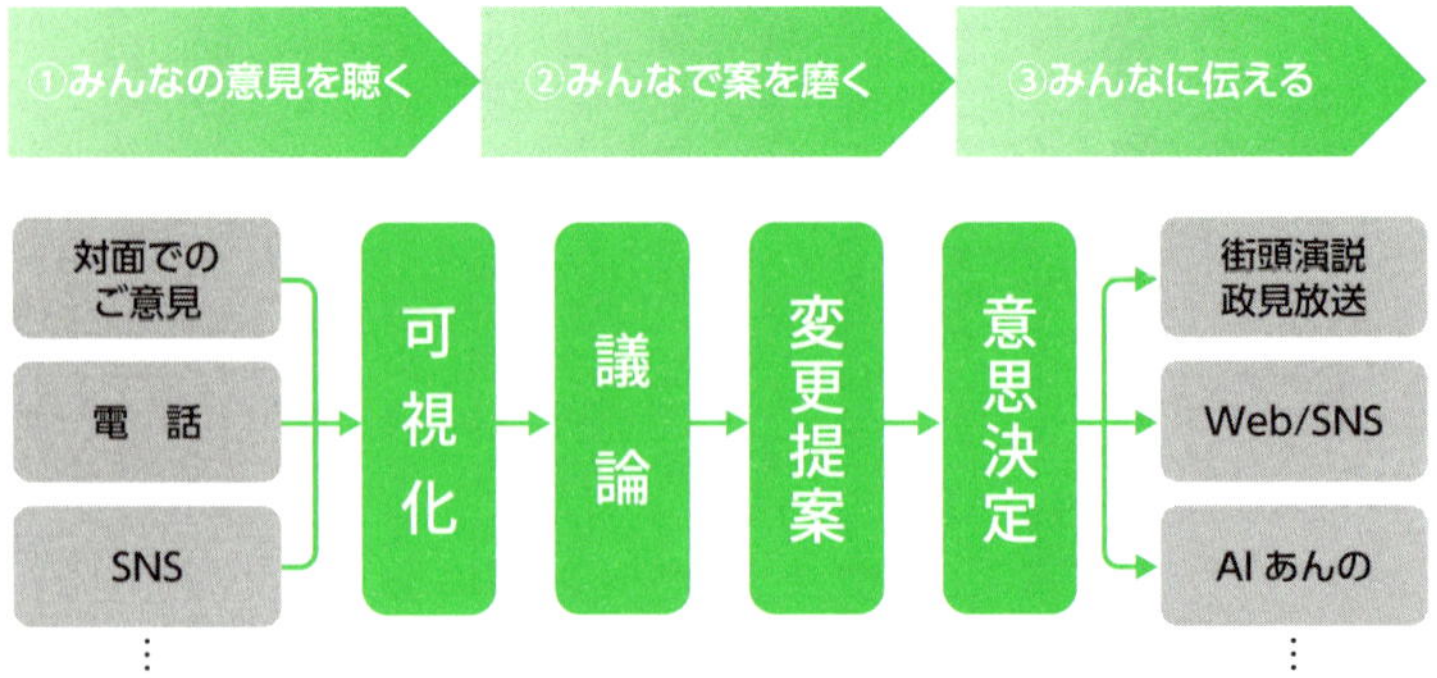

ブロードリスニングから始まり、双方向で政策を磨き、
さまざまな手段で周知徹底することで意思決定の質は格段に上がる

そこから実際に法制化されたものの一つが、大型チェーン店のイートインにおけるプラスチックストローの使用禁止です。最初に提案したのは当時16歳の女子高校生。彼女は、台湾のタピオカミルクティーが世界的に人気を集める一方で、大量のプラスチックストローが消費されていることに問題意識を感じていたのです。市民の声を政策に反映する手法として、非常に参考になる事例です。

東京でも、都民が政治に参加できるプラットフォームを構築すべきだと思います。都議会で行われている議論に対し、都民が意見を投稿できる仕組みをつくり、そのうえで一定水準以上の賛同を集めたものに関しては議会に諮《はか》ることをルール化してはどうでしょうか。

また、Ｗｅｂフォーラムを開設し、都議会と並び立つ形で都民による議論を進めるのもよいでしょう。都民による議論から優れた政策案が導き出され、それを都知事が議会に提出する、などといったことも起きるかもしれません。

「ＡＩあんの」と同じような政策回答システムは都でも常時設置しておくのがよいと考えます。情報公開はどんどん進められていくべきですが、都民のあいだで「どこになんの情報があるのか多すぎてわからない」「専門用語などが多く、わかりにくい」という声が多く聞かれるのも事実です。

「都議会ＡＩ」で都民からの質問に24時間いつでもわかりやすく答えられるようにし、ＡＩでは対応できないような質問に限って都の職員が対応する仕組みにすることを推奨したいと思います。

東京でも「参加型予算編成」を

さらに踏み込んだ提言をすると、私は世界４０００以上の都市で実施されている**「参加型予算編成」**を東京でも本格展開したいと考えています。

参加型予算編成の先進地であるポルトガルのカスカイス市では、市民が毎年の予算案を協議し、投票によって決定する仕組みを市議会で導入しています。予算案として採択されたものは最大35万ユーロが割り当てられ、市議会は3年以内に実行することになっています。年間予算の15%以上がそのように決定されているのです（「街の予算の使い道は市民が決める」WIRED,2023.5.25）。その仕組みはポルトガル国内のみならず、各国の都市に影響を与えてきました。

フランスのパリでは、市の年間予算の5%が市民参加型予算として割り当てられています。スイスでは市民参加型予算編成が法律で定められており、例えばアーラウでは、予算が600万フランを超える場合、その是非を巡る住民投票が義務づけられているほどです（swissinfo.ch）。その金額未満の予算でも、一定期間内に住民の1割の署名が集まれば、任意の住民投票にかけることが可能です。

市民が直接予算案に関与することで、行政はその決定のプロセスを公開しなければならず、透明性と説明責任が求められることになります。不正や無駄遣いを防ぎ、公共サービスの質を向上させる手段として高く評価されている方法で、これはシチズンシップ教育にも大いに寄与します。

市民が自ら提案して関与することで、政治や行政への理解が深まり、次世代のリーダーシップ育成にもつながるのです。ボストンの「Youth Lead the Change」は、14歳から25歳までの若い住人たちが毎年、市の資金100万ドルの配分を直接決定できるプログラムです（https://www.boston.gov/）。若者たちが市の意思決定プロセスに参加することで、より包括的で公平な都市の構築を目指す試みで、すぐれたシチズンシップ教育の例といえるでしょう。

オードリー・タンによる紹介で、日本でも少しずつ知られるようになってきた**「クアドラティック・ボーティング」**（Quadratic Voting）についても補足しておきます。これは参加型予算編成の際によく使われる、1人1票の問題点を解決するために生まれた新しい投票方式です。この方式では、参加者は個々の関心に応じて複数の選択肢に票を傾斜配分して入れることができます。

例えば関係者に100ポイントが配布されるとして、複数の法案に対してどの程度支持するかを投票で反映できます。1票を投じるには1ポイント、2票には4ポイント、3票には9ポイントと平方根で算出されるので、強い支持をもつ選択肢に多くのポイントを費やすわけです。**少数派であっても支持する度合いに応じて複数個の票を入れることができ、多様な意見が反映されやすいというメリット**があり、台湾では総統杯ハッカソン（社会問題に焦点を当てて提案された解決策を競う大会）で採用されている方式です。これは近年とくにブロックチェーン界隈のコミュニティで盛んに研究されている仕組みで、投票者が仕組みを理解するのが難しい、などさまざまな課題はあるものの、今後政治の場での応用可能性に期待がもてます。

日本でも参加型予算編成が実現すると、市民の政治への関わり方や眼差しは大きく変わっていくと考えられます。都内でも杉並区ではモデル的にこの試みが少しずつ始まっています。

ここまで紹介してきたような「聴く」「磨く」の質を高めるテクノロジーは、都政のスケールでも市民参加型予算を実現するのに大きく寄与するでしょう。

デジタル民主主義がひらく未来

デジタル民主主義が実現すると、社会はどう変わっていくのでしょうか。大きな変化が起こるのは、市井に生きる人々の「気持ち」の部分なのではないかと思っています。

政府は市民との協同を望んでおり、多様な声に耳を傾け政策に反映する用意があるという姿勢は、相互の信頼関係を育てます。全体の1％程度に過ぎないような少数派の意見でも尊重され、政策決定に影響を与え得るという手応えこそが大切なのです。

市民が政治に不信感を募らせてしまう状況では、ますます政治への無関心が加速します。

都は、都民による事業提案制度（都民提案）を実施していますが、2023年度の合計投票数は7万3000票あまりで、参加率は都民人口のわずか0・5％以下に留まりました。また三重県では、2020年度から「県民参加型予算」を導入したものの、投票数が2年連続で数千票に留まったことから2022年度には投票が取りやめとなっています。

今の国民と政治との関係は、決してポジティブとはいえません。

しかし、デジタル民主主義は、そうした状況を一変させる大きな可能性を秘めています。小さなイシューからでいいのです。一つでも二つでも、「聴く」「磨く」「伝える」の先にある市民との協同が形になっていく成功例ができると、若者も含めた政治参加の機運は大いに高まっていくでしょう。

民主主義は決してオワコンではありません。テクノロジーを活用することで、政治的なコミュニケーションにはかなりの伸びしろがあると私は踏んでいます。

誰もが自分らしく生きられる新しい協同の場は、私たち自身の手で立ち上げることができるはずです。そこに、民主主義の新しい未来があるのです。

コラム

多様性と長髪と私

都知事選の期間中、「髪を切ったほうがいい」というご意見を山のようにいただきました。短髪にしたほうが「男らしく」、パブリックイメージが良くなって得票数も伸びるのに……という指摘です。

私が今の髪型になったきっかけは、2020年ごろ、「人生で一度は長髪を経験しておきたい」というシンプルな思いつきからでした。もう後ろに束ねるほどの長さになっていますが、なぜ「髪を切れ」との声は受け入れなかったのか？

それは、自分の訴えたい理念に抵触するからです。

選挙の立候補者は、当選するために最適化した行動を取るのが世の常ですが、当選だけが目的なら、自分の主張を曲げてでも有力な政党に頭を下げて入るべきです。政党のバックアップがあれば、知名度も向上し、メディアの扱いも「主要候補」に変わり、まとまった票を確保できます。

ですが、特定の政党に属すれば、私個人の自由な主義・主張は難しくなります。デジタル民主主義で多元的な社会を目指す私の理念に一致する政党はありませんでした。

また、「長髪の男性は見苦しい」「フェミニンな男性には政治は任せられない」という感覚が日本社会にあるとしたら、それはルッキズムやジェンダーバイアスの表出に他なりません。

もし私が得票数のために「外圧で」髪を切り落としたなら、多様な生き方を包摂する社会を目指す自らの主義・主張を曲げることになります。社会のアンコンシャスバイアスを結果的に肯定することにもなる。それは私が訴えていたような「誰もが自分らしく生きていける社会」とは真っ向から対立するものです。だから私は頑なに、「髪は切りません」と言い続けていたのです（ただし、「ボサボサにせずちゃんとヘアセットをしろ」という指摘についてはちゃんと受け止め、改善しました）。

デジタル化がさらに進展していく今後の社会においては、人間がもつ「外見」と「中身」の関係性は変わっていくのではないでしょうか。メタバース内で授業を行う高校の登場は象徴的で、アバターで出席する生徒たちは好きな容姿とジェンダーを採用しています。また、そのような体験は個人のアイデンティティとは何なのか？に問いを投げかけるものだと思います。

政治の世界でも、政治家の外見への要件は、時代とともに変化していくと私は予想しています。

終章

1%の革命で「誰も取り残さない」未来へ

Talking about Our 1% Revolution

1%による、99%のための革命

どんな分野においても、最初にチャレンジする1%の人々の不断の努力が、時代に即した新しい創造性を生み、現在と次世代が生きる場をつくってきました。1%による、99%の人々のための革命が至るところで起きてきたのです。

成功率は決して高くはありませんが、その挑戦には社会的にも歴史的にも大きな意味があるはずです。

本書の締めくくりにあたって、1%の革命と民主主義の未来についての包括的なビジョンを示したいと思います。

「はじめに」でお伝えした通り、本書のタイトル「1%の革命」(The 1% Revolution)は、2011年にニューヨークで起こった「ウォール街を占拠せよ」(Occupy Wall Street)運動における"We are the 99%"というスローガンを意識したものです。

全米がリーマンショックの不景気にあえぐなか、最も裕福な1%が合衆国の総資産の3分の1以上を所有しているという現実に対して、持たざる99%が声を上げたこのムーブメントは、世界中の社会運動に多大な影響を与えました。

その背景として、当時のアメリカには大幅な規制緩和と大企業優遇といった政策による中間層の崩壊という問題がありました。富裕層を優遇し、銀行と大企業の財政破綻に血税を注ぎ込むオバマ政権に対して、若者たちを中心に国民の怒りが爆発したのです。

反格差を掲げ、行き過ぎた金融資本主義にＮＯを突きつけたこのＯＷＳのムーブメントにおいて、**ジェネラル・アッセンブリー（general assembly）形式の直接民主主義**が採用されていたことに私は注目しています。

これは、特定のリーダーを置くこともなければ上意下達の組織構造をとることもなく、（2〜3人の会議運営役を置きつつ）**参加者全員が考え、発言し諸々の事項を決定してゆく方式**でした。いかなる行動をとるのか、運動の戦略をどうするのか？ 集った数千人の人々は、人民マイクと呼ばれる声のリレーによる伝達方式を用いてコンセンサス型で意思決定を行ったのです。

多くの非効率的な時間を費やしながらも意思疎通がはかられました。

それぞれの意志を示すために、ハンドサイン（ジェスチャー）も決められていました。例えば「賛同」なら「手をかかげて指をひらひらさせる」、「賛同しない」なら下方向に指をひらひらさせる。議論を元に戻す「ポイント・オブ・プロセス（手続き確認）」は両手の親指と人差し指で三角形をつくる、といった具合にです。

そしてさまざまな役割を担う委員会（法的サポート、食物供給、公衆衛生、防衛、情宣、メディア、直接行動、会議運営、芸術文化、その他）で諸問題の解決にあたり、まさに市民自らによるボトムアップの自治が行われていました（ライターズ・フォー・ザ・99％『ウォール街を占拠せよ　はじまりの物語』）。

ＯＷＳは単なる抗議運動ではなく、民主主義を市民の手に取り戻すための果敢な挑戦でもあったのです。

直接民主主義のパスをデジタルで

私は多種多様な意見をもつ人々が集う社会で**意思決定を行うには、デジタル技術によって開かれたコミュニケーションの経路（パス）をつくる**ことに鍵があると考えています。

ＯＷＳ運動は大きな注目を集めましたが、特定の政治基盤をもたない多様な人々の集合体が、原始的な形での直接民主主義で物事を決めることの限界も示していたとも思います。反格差では一致していたものの、政策レベルでなにを要求するかがまとまらず、多くの参加者が離れていく結果となりました。

ＯＷＳが残した課題――多元的なコミュニティにおいて効果的に意思決定を行うメカニズムの設計――は、今のテクノロジーを使うことによって解決可能なのではないか、というのが私の仮説であり、ビジョンです。

現行の代議制民主主義は、市民が選択できることが少なすぎるという問題を抱えています。アメリカであれば共和党か民主党か、保守かリベラルかという2択、極論をいえば〝1ビットの情報量〟しかありません。日本では、この30年間の大半において、自民党・公明党の連立政権だったために、政権与党の部会で物事が決まり、国民の意見を反映させて政策を練り上げるルートがほぼありませんでした。

このような政治の意思決定には、**①スピード感の欠如、②長期目線の欠落、③リスクをとる大きな決断の回避（問題の先送り）**、という3つの問題があります。民間のビジネスならこの3つの問題を解決できなければ自然淘汰を免れませんが、こと政治においてはこれらを補正しようとする力がはたらきにくいのが実情です。

では、どのようにして意思決定の仕組みをアップデートすればよいのでしょうか？

一つのアプローチは多様なデータを適切なバランスで参照できるようにすることだと思います。一口に〝政治への声〟といっても、大きく分けると**「個人の意識に立ち上った情**

報」、「個人の無意識のままの情報」、「複数人で議論を経た熟議的な情報」の3つがあり、この3つの重ね合わせ（アンサンブル）から民意を推定することが重要です（図24参照）。

まず「意識の情報」とは、一人ひとりの脳内で言語化がなされた情報のことです。SNSや各種メディア、パブリックコメント、投票結果などに「意識の情報」は表出しています。

「無意識の情報」とは景気指標や消費行動の統計など、集団の無意識が読み取れるデータです。将来的には成田悠輔の『22世紀の民主主義』で描かれたように心拍数や脳波のようなデータも入ってくるかもしれませんが、まだ現時点でそこまでの技術は確立していないので、本書ではスコープ外とします。

「熟議的な情報」は、実際に議論を進めていくなかで交わされる多様な視点や専門知のことです。地方議会や国会をはじめとして、党内、草の根で行われるさまざまな議論で表出される意見となります。

この3つの組み合わせで最適なポートフォリオを組んでいくのです。

もちろん、情報源（データソース）ごとにさまざまな偏りがあります。例えばSNS上での議論は当然SNSを使う人の意見しか聞けませんし、政治的意見を自らネットに投稿する人は大多数ではないでしょう。荒らしのような書き込みも多数あるはずです。ですが、

図24　意思決定におけるアンサンブル

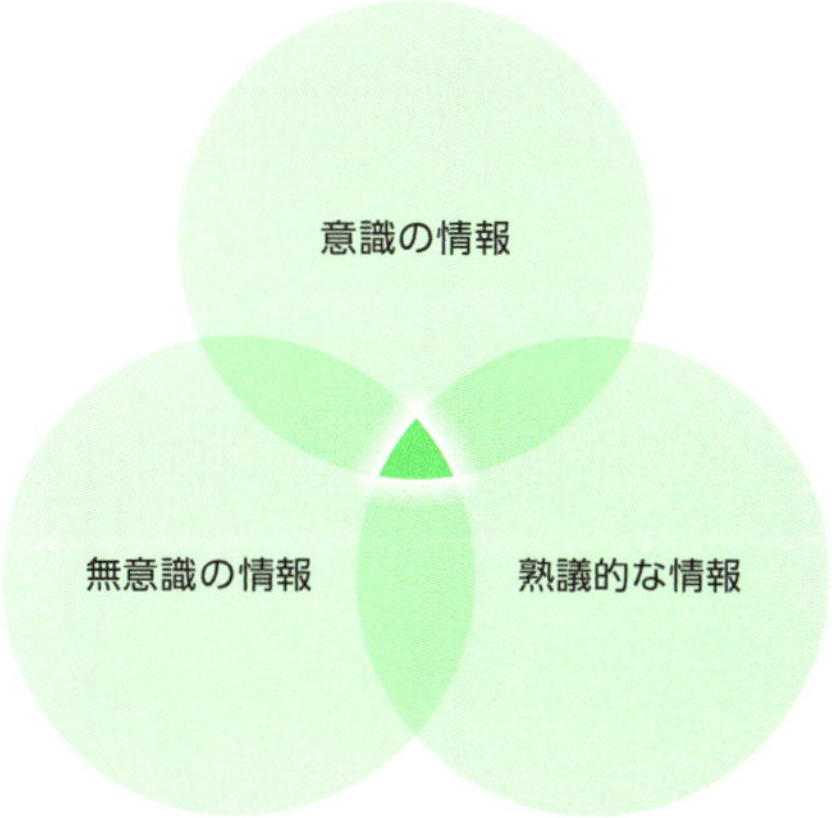

ネット上で提起された論点が世の中に影響を与えてきた例は多数存在します。データサイエンスの分野でも、異なる情報源をうまく組み合わせることができれば予測精度が上がることが知られています。民主主義においても、使えるデータはバイアスを認識しながら、可能な限り参考にしてゆくべきだ、と考えています。

有効活用に際しては、現状2つの問題があると思います。せっかく使える情報がたくさんあるのに**「意識の情報の反映のされ方が弱い」**ことと、**「熟議のプロセスが閉ざされていて参加が難しい」**という点です。本来はもっと世論が汲み取られるべきイシューなのに民意がほとんど考慮されず、また、国会議員が専門家や市民も交えて熟議すべきなのに、プロセスがオープンではなく、事実上市民が熟議に参加するのが非常に困難になってしまっています。

この膠着状態を打破するには、ＡＩの力で政治的なイシューをめぐるＳＮＳの反応を可視化し、多人数での熟議が可能な言論空間をつくることが有効です。

そして**革命の肝は、間接民主主義（代議制民主主義）で100％の意思決定がなされている現状に対して、まず1％の直接民主主義を導入する**ことです。

私が都知事選において GitHub 上に意見交換の場を立ち上げ、議論の結果をマニフェストに反映させていったように、あるいは台湾では「vTaiwan」というプラットフォームで市民が立法プロセスに直接参加しているように、市民の声が実効性をもった形でダイレクトに反映できる仕組みはつくれます。直接民主主義というパスを「0」から「1」にするのです。

市民が話し合って決められる予算枠をもうけ、直接参加で政策を練り上げる市民参加型予算を導入するのも有効です。議論のプロセスはすべて可視化し、政策イシューに関して、具体的にどう予算を使って何を実施するかを公開します。また、デジタルプラットフォームを用意し、市民がプレゼンテーションを行ったり、提案書を資料とともに公開したりすることができるようにします。

台湾のオープンソース・プラットフォーム「vTaiwan」には、専門的な知見をもった人々も多く参加し、そこで交わされる政策をめぐる議論をＡＩが分析して、多様な意見を整理しながら全体を概観できるマップをつくっています。こうしたプロセスでは**少数の意見も拾い上げられやすく**、多くの人が協働して議論を深めていくことができます。

また、過去事例など、実行の要件が十分に揃っている政策についてはＡＩが情報源となることも将来的には考えられるでしょう。データを集め、意思決定のプロセスをオープンにしながら、最適な意思決定のポートフォリオを模索していくことができるのです。

テクノロジーで意思決定の課題を突破する

このように従来は不可能とされてきた多人数での合意形成も、ＡＩ＋ＩＴ技術によって乗り越えることができます。さらに、テクノロジーの力で**「みんなが直接参加できる」「暴力から遠ざかる」「効率的に議論する」**の３つが可能になることも、強調したいところです。

デジタル技術の政治利用は、馴染みのうすい高齢者に不親切だという意見もありますが、適切なサポートさえあれば、実はあらゆる世代の政治参加のハードルを下げるツールなのです。わざわざ投票所に出向かなくても、自宅から各イシューに対する意見を手軽に表明することを可能にします。デジタルなプラットフォームなら、ＡＩを使って大量の意見を傾向ごとにまとめて迅速に可視化し、議論を整理することも可能です。

政治の話題においては、しばしば激しい対立や暴力性を誘発することがあります。しかしオンライン上では**誹謗中傷や相手に敬意を払えない書き込みは自動的にスクリーニング**することができます。建設的な議論へと誘導し、誰もが安心して自分の意見を伝えられる場として、ガバナンスを効かせることは可能です。社会運動がときにはらみやすい暴力性は、実はネット上のほうが制御しやすく、冷静な議論へと導きやすいのではないかと私は思っています。

また、ビジネスインテリジェンス（ＢＩ）ツールなどで、議論の前提として必要な統計データ・各種調査データをわかりやすくビジュアライズするのもよいでしょう。自動的に整理・要約された意見に専門知を入れて仮説を立て、効率的に課題解決への方向性をさぐることができれば、民主主義そのものの質を高めることにもなります。

テクノロジーは民主主義の新しい形を具現化します。

２０２４年、アメリカ大統領選の本選挙を前に、私はデトロイトからシンシナティ、ピッツバーグなどのラストベルト地帯を通って、ニューヨークまで取材旅行に行ってきました。アメリカはさまざまな政治的イシューをめぐって多元的な考えが溢れかえっています。にもかかわらず、選挙においては二大政党制によるシンプルな二択を採用しています。

旅を通してたどり着いた一つの仮説は、**「情報の処理」が民主主義の一つのボトルネックになっているのではないか**、ということです。

情報があまりに複雑であると、現行の社会システムでは処理し切れなくなります。それゆえ、さまざまな人種・ジェンダー・宗教のるつぼたるアメリカという国を前進させるには選択肢を削りに削って、二択にまで絞るしかなかったのではないか？ かたや日本では、アメリカほど考え方が多様ではないとされているために、政治的な選択肢が複数あっても社会の処理能力が追いついている可能性があるのではないか？

だとするならば、社会の側の情報の処理能力を増やせれば、多元的な政治的選択肢がある状態へ移行できる可能性があるわけです。

多数の選択肢のなかから効果的な意思決定をするのかという問題に対して、日本が先駆的なモデルを示すことができるかもしれません。

マイノリティの意見もつぶされにくく、さらに多くの人に納得感のある意思決定のモデルを開発するのです。これが日本が為すべき民主主義のイノベーションだと私は考えています。

「白か黒か」ではなくカラーを

そもそもの話、人間社会において、絶対的な正解があるはずもないのです。それを認識したうえで、それでも「ギリギリこっちじゃない?」という意思決定を積み重ねるしかない。自分が100%明確に理解できていると思い込んだり、自分の意見に完全に確信をもっている状態のほうがおかしく、警戒すべきことだと私は思うのです。

そんな前提から出発すると、多元的な社会における意思決定は、「白か黒か」であってはならないことが見えてきます。

イシューに対して白か黒か以外に、青も赤も黄色もある——それぞれの価値観をもっている参加者が、**熟議を通じてあらゆるカラフルなオプションを生み出していく**ことが重要です。

AとBの中間にCやDという答えがあるかもしれないし、まったく位相の違うXという選択肢が浮上するかもしれません。互いに合意形成しやすい別のオプションや選択肢を生成する能力を高める必要があるのです。

具体的には、各分野のエキスパートがもつ知恵があると、それまで気付かなかった選択肢が見えやすくなります。どんなイシューに関しても専門家の意見、そこで蓄積された知見には耳を傾けるべきでしょう。

また、交渉することで新しいオプションも生まれやすくなります。これはビジネスシーンではよくある話ですが、欲しいものが異なる2社間で互いのニーズの違いを踏まえてWin-Winの状況をつくり出す交渉をするものです。

この手の交渉は政党間でももっと行われるべきだと思いますし、さらにいえば政党の枠も超えて、100人の議員がいたらそれぞれが100通りの交渉を行うようなダイナミズムがあってもいい。

私が思い描く多元的な社会のイメージは、**1％の少数派が100個集まった世界線**です。

世の中を「多数派・少数派」というフィルターばかりでとらえていると、しばしば本質を見誤って無用な分断が生まれます。あらためて認識すべきは、属人的に固定されたマジョリティとマイノリティがいるのではなく、**私たちは政治イシューごとに多数派の立場にもなれば少数派の立場にもなり得る**、ということです。

例えば、ある人は雇用の領域なら、働き方改革の促進に賛成のマジョリティかもしれませんし、福祉の領域では障害を抱えた子どもへの支援策拡充にひときわ深い関心をもつマイノリティかもしれません。あるいは国の一般歳出における社会保障関係費の比率の高さを声高に批判していた人でも、家族が希少疾患にかかったら先進医療への助成が充実した包摂的な医療政策を強く望むようになるかもしれません。人は自分の状況や人生のステージのなかで、マジョリティにもなればマイノリティにもなります。

数の論理ですべての意思決定を行ったり、それを民主主義における正義と思い込んだりするべきではありません。**意思決定の場で「私が少数の1%の人」になったときにも社会に影響を与えられる状態をつくる**ことが、これからの民主主義の目指すべき姿です。

誰もが1%の側になったときにも、その声を他の99%に届けられる社会――それこそが私が心から実現したい「誰も取り残さない未来」です。

多元的な社会という未来への第一歩は、自分自身がマジョリティでもありマイノリティでもあることを受け入れること、自らのなかにある多様な価値観に気づくこと。そこから始まるのです。

1%の革命がここから始まる

直接民主主義という1%のパスは、何よりもまず若者たちのなかに**「政治的自己効力

感」を生み出します。賛成・反対の二択ではなく、別のこういうやり方はどうだろうというアイディアが通る可能性があるという手応えは、自分が社会のなかで決して無力ではないという健全な自己肯定感をはぐくみます。

社会参画の楽しさを知る若い世代が大人になっていくと、政治にかぎらず、ビジネスや暮らしのさまざまな場面においても、たくさんの0 to 1が生まれやすい社会になるでしょう。

建設的な提案を投げかけ、実装する喜びを多くの人が知るとき、**ボトムアップの創造性が豊かな世界**が出現します。

ビジネスを中心とした経済政策に触れた第2章のなかで、ボトムアップの創造性がいかに重要であるかをお伝えしました。実は高度経済成長期の礎となった稀代のエコノミスト・下村治の思想において、国民の創造性と「誰も取り残さない」完全雇用の実現は、渾然一体となったものでした。下村は著書『日本経済成長論』のなかで、こう力強く鼓舞しています。

「働く意志と能力をもった国民のすべてが、その能力を十分に生かし、それによって、西欧諸国民に劣らないような高い所得の機会をもちうるような社会、貧しき者や不幸な者が生まれなくなるような社会、国民の高い創造力を自由に伸ばすことによって実現された豊かな経済力を、国民福祉の充実と文化的な国民生活の建設に充当しうるような社会、このような社会の建設が、われわれの努力次第では夢でなくなろうとしている」と――。

望む人すべてが雇用を得られて「高い創造力を自由に伸ばす」というビジョンは、夢物語ではなく空前絶後の経済成長を生み出しました。

無論、当時よりも現代の産業構造はずっと複雑化していて課題は山積みですが、誰もが自分らしい創造性を発揮できる仕事へとシフトチェンジしていくことは可能です。大局的には、テクノロジーを存分に活用しつつ、人間にしかできない仕事で価値を生み出していく流れになっていくでしょう。

新産業を核とした私の経済ビジョンは、決して一部の富める者や高度な技術者だけのものではありません。あらゆる立場と階層の人々を包摂し、国民的なボトムアップの力を鼓舞するものです。

先にも触れたリチャード・フロリダは、都市の多様性はクリエイティビティと強く結びつき、イノベーションと経済成長に活力を与えることを統計的に証明しています。人口増と雇用増加双方の促進力ともなるのです（前掲書）。

デジタル民主主義によって生まれる新しい多元的な社会の協働は、多様なビジネスにおける創造性を活性化させ、日本の経済的な再興を大きく後押しするものとなるに違いありません。

私が最後にお伝えしたいのは、**1％の挑戦者になることを恐れてはいけない**ということ。

その最初の一歩を踏み出す1％は、自分とは関係ない「クリエイティブな誰か」ではありません。すべての人は内なる創造性をもっています。

どんな分野にたいしてもアーリーアダプターやイノベーターである必要はなく、当然イシューによって関心の度合いは異なるでしょう。いわゆる「政治」にはあまり興味はないけれど、子どもの保育問題に関してなら声をあげたい、あるいは医療の課題解決のためならコミットしたいと思う人もいるかもしれません。

どんな分野でもよいのです。最初の1％になる、あなた自身の創造的な意思表示と行動こそが、社会をアップデートする力強い原動力となります。

私が目指すのは、**誰もが自分らしく生きられる多元的な社会**の実装です。

これまでテクノロジーを通じて「誰も取り残さない未来」をつくるための具体的な戦略を示してきました。個々の課題においては、きっと私と異なるスタンスの方々もいらっしゃると思います。

しかし、それでも「すべての人が自分らしい創造性を発揮できる未来」というビジョンに共鳴してくださるのならば、きっと共に手を取り合って新しい民主的な社会をつくることができるはず。

私たちは同じ船に乗る仲間です。ワンチームとして互いに協働するとき、荒波を乗り越え、希望に満ちた未来をつくり出していくことができます。

あらゆる世代のあらゆる立場を超えて、共に新しい未来をつくろう——。

1%の革命が、今ここから始まります。

そんな歴史の1ページをひらくのは、私たち一人ひとりのなかに宿る革新的な力なのです。

おわりに

都知事選についてメディアから取材を受けると、記事にはこう書かれることがあります。「予想外の躍進」「異例の得票数」「爪痕を残した」……私に期待し、票を投じてくださった方々がそのような表現を引き寄せたとも感じられ、読むたびに感謝の気持ちで胸がいっぱいになります。ただ同時にそれは、選挙前の私に一般的な知名度が皆無だったことの裏付けでもあります。

「本当に東京都知事になるつもりなら、もっと早くから動き出すべきだったのではないか」とご指摘をいただくことがあります。選挙戦を競い合った候補者のなかには、現職都知事や他自治体の長、国会議員として職責を果たされた方々や、過去の都知事選にも出馬して主義主張を訴えてきた方などがいました。

立候補すると決めてから開票の瞬間まで、都知事を目指す決意が本気でなかったことは一瞬たりともありません。それでも、長い時間をかけて取り組まれてきた他の候補者に比べ、安野貴博は継続性の点で劣後すると、有権者の方々には感じられたのではないか。もっとしっかり丁寧にビジョンとアイデアを伝えることが必要なのではないか。そんな反省が、本書を世に送り出す大きな理由の一つとなりました。

私が都知事選を戦うと決めてから、チーム安野のメンバーとともに重ねてきた議論やさまざまな現場の視察、専門家へのヒアリング、そして有権者の皆様の声を聞き続けたことは、実りある経験でした。それらを通じて練り上げた各分野の政策をまとめたマニフェストは、一度の選挙の終了をもって捨て去られ、顧みられなくなるにはあまりにも惜しい。自信をもって世に問えるものだという手応えを感じていました。本書の執筆にあたっては、選挙戦時からさらに検討と調査を重ね、最新の事例も加えてアップデートしたマニフェストの内容をベースに、民主主義と社会改革をめぐる私なりの考えを存分に込めました。

東京は「課題先進国」と呼称されることもある日本の首都にふさわしく、種々の難しい課題を抱えています。同時に、各章で見てきたとおり、大きな伸びしろのある地域だともいえます。**空白となっている「未来志向のビジョン」さえ共有できれば、もっと魅力的な都市へと変貌を遂げられるはずだ**と、私は考えています。

さらに、東京が抱える課題には、他の地域にも共通するものが多くある。逆にいえば、ある課題が東京で解決できれば、その手法をうまくアレンジすることで、他の道府県、ひいては他の国や地域でも、同様の課題を解決に近づけられるかもしれない。そんな展望をもちながら、東京の今ある諸問題に取り組んできた思考と試行の結晶を、本書には詰め込みました。

私とチーム安野が実践した選挙活動を改革するアイデアやツールは、ブログ記事やオープンソースソフトウェア（ソースコードを無償で公開し、自由に再使用や改変ができるようにしたソフトウェア）の形で広く公開しています。私たちは今回の選挙戦で得た知見や技術を、我々のみで独占するのではなく広く多くの人に使ってもらい、より本質的な政策論争ができる選挙戦の実現に役立ててほしいと思っています。

本書で示したアイデアや実装例もまた、私という一個人の主張に留まらず、たくさんの人に参照いただき、磨いていただきながら、よりよい社会をつくる一助になってくれればと願っています。

「テクノロジーで誰も取り残さない東京をつくる」という私のビジョンは、それ自体が一つの思想ではありますが、同時に、**異なる多様な考えや政治思想を持つ人たちの間でも広く合意できる普遍性を持つ基本姿勢**だとも思っています。本書に共鳴する仲間が新たに現れてくれたら、これほど嬉しいことはありません。

もちろん、私個人も歩みを止めることはありません。具体的にどのような形をとるかは今後しかるべき時期に発表しますが、政治への次なる挑戦を温めているところです。都知事選の縁でさまざまな方と議論させていただいたなかで、政治をより効率的で本質的なものに変化させていく貢献ができるのではないか、と大きな手応えを感じたからです。

私自身がこの社会をアップデートするための最初の「1%」となれるよう、ご協力いただける方々とともに努力を重ねていきたいと考えています。

本書の執筆に際しても、本当にたくさんの方々にご助力をいただきました。

まずは、都知事選で私に託してくださった15万4638票、それを投じていただいた有権者の皆様と、少しでも私の政策に耳を傾けてくださったすべての方々に、改めて感謝の気持ちをお伝えしたいと思います。皆様が私にかけてくださった期待の大きさが、都知事選後も続く大きな反響を生み、本書の企画につながりました。

そんな確かな結果を生み出せたのは、私の選挙戦を助けてくださったボランティアの方々によるご尽力があったからに他なりません。政治家になるには必須といわれる「三バン」、いわゆる地盤（支持母体）、看板（肩書・地位）、かばん（金銭）の一つも持たない私にとって、**ボランティアの方々が、文字通り「すべて」**でした。業者を一切使わずに達成した、都内約1万4000箇所の掲示板へのポスター貼りに象徴されるように、都知事選の成果はボランティアの皆様のご協力と応援がなければなし得なかったものです。改めてお礼を申し上げたいと思います。

そんなボランティアのなかでも、政策立案や、システム開発などの選挙活動実務を支えてくれたチーム安野の有志たちには、都知事選だけでなく本書の執筆にあたっても多大な協力をいただきました。100人を超えるメンバー全員の名前を記すことはできませんが、本書の各章執筆ではとくに、伊丹裕貴、伊藤圭亮、亀岡恭昂、河合道雄、小出雄大a.k.a.メン獄、佐藤広章、根本紘志（50音順、敬称略）の各氏に大きく貢献いただきました。

西尾泰和さんには技術面で強いコミットメントをいただきました。本書中のブロードリスニングの概念図は、西尾さんが描かれたスケッチをもとにして作図したものです。

山根有紀也さんには都知事選のときからデザイン面で助けてもらいました。見た目のグラフィックのデザインから、深層にあるコンセプトのデザインまで、あらゆるレイヤーで伝わりやすいデザインを模索してくれました。

柴田偉斗子さんには都知事選の中でマニフェストの全体構成の取りまとめをいただき、大変にお世話になりました。たくさんの人の知恵を集約させ、形にできたのは柴田さんの力量のおかげでした。

ライターの日比野恭三さんは、マニフェストに付随する膨大な資料と何十時間にも及ぶ語りを整理して、原稿の土台をつくるのにご尽力くださいました。

坪井遥さんは執筆面でのアドバイスから、チームでコンテンツを磨く進行管理までを担い、安野の原稿をはるかに良いものにしてくれました。書籍をつくるにあたり、坪井さんがいなければ決してスケジュール通りに進んではいなかったと思います。

本書の企画から執筆、本の完成までを伴走していただいた文藝春秋の山本浩貴さんには、本当にお世話になりました。マニフェストからのアップデートも多く、細部にわたる確認にお付き合いいただきました。良き本となったかどうかは読者の判断に委ねることとなりますが、一連の制作はとてもエキサイティングなプロセスでした。ありがとうございました。

そして最後に、チーム安野の一員でもあり、最高のパートナーである黒岩里奈に、心から感謝の意を表したいと思います。普段から交わしている2人の会話が出馬のきっかけとなったことは本論に記したとおりですし、立候補以降もチーム安野の中心として実務も取り仕切り、さらに演説も話題になりと、いつにも増して助けられることばかりでした。これからも2人で楽しい挑戦ができればと思っています。

この本を手に取ってくださったすべての方にとって、本書があなたの未来を豊かにする挑戦に向けた、最初の「1%」の後押しとなることを祈っています。

安野貴博

安野貴博 あんの・たかひろ

AIエンジニア、SF作家。
1990年、東京都生まれ。東京大学工学部システム創成学科卒。在学中、AI研究の第一人者、松尾豊氏の研究室に所属し、機械学習を学ぶ。ボストン・コンサルティング・グループを経て、2016年にAIチャットボットの株式会社BEDORE（現PKSHA Communication）を創業。2018年にリーガルテックのMNTSQ株式会社を共同創業。2019年、「コンティニュアス・インテグレーション」で第6回日経星新一賞一般部門優秀賞を受賞。2021年、『サーキット・スイッチャー』で第9回ハヤカワSFコンテストで優秀賞を受賞し、作家デビュー。2024年、東京都知事選に立候補、AIを活用した双方向型のコミュニケーション（ブロードリスニング）でつくり上げたマニフェストが大反響を呼び、「チーム安野」は第19回マニフェスト大賞グランプリを受賞。2024年11月より東京都のデジタル化を推進する一般財団法人GovTech東京のアドバイザーに就任、現在に至る。

装丁　トサカデザイン（戸倉 巌、小酒保子）
本文デザイン　上楽 藍
構成　日比野恭三

1％《いちパーセント》の革命《かくめい》
ビジネス・暮らし・民主主義をアップデートする未来戦略

2025年2月10日　第1刷発行
2025年2月25日　第2刷発行

著　者　安野貴博《あんのたかひろ》

発行者　小田慶郎

発行所　株式会社文藝春秋
東京都千代田区紀尾井町3-23
郵便番号　102-8008
電話　(03) 3265-1211（大代表）

DTP　ディグ

印刷所
製本所　光邦

　ISBN978-4-16-391939-3　Printed in Japan